THE BELT AND ROAD

法律·经贸丛书

“一带一路”倡议下中国市场准入法律制度研究

CHINA MARKET ACCESS LEGAL SYSTEM UNDER “THE BELT AND ROAD” INITIATIVE

王诚 —— 著

上海人民出版社

“一带一路”法律·经贸丛书总序

“丝绸之路经济带”和“21世纪海上丝绸之路”(简称为“一带一路”),是习近平主席分别于2013年9月和10月提出的我国对外开放和合作的重大倡议。“一带一路”倡议借用作为历史符号的古代“丝绸之路”名称,旨在建构和依托中国同其他相关国家双边和多边机制以及区域合作平台,积极与“一带一路”沿线国家之间发展经济合作,建立合作伙伴关系,共同打造政治互信、经济融合和文化包容的人类利益共同体、责任共同体和命运共同体。这在当下之国际环境之中显得弥足珍贵。我们正在经历一场席卷全球的“新冠”疫情,全人类正面临前所未有的挑战。新冠之疫不是某一国之灾,更与肤色、人种无关,而是全人类的共同的灾难。我们唯有坚持人类命运共同体理念,坚持包容合作才能击退疫病,实现全人类在大灾之后的新发展。

现在世界上已有100多个国家与国际组织积极支持和参与到“一带一路”建设中来,通过国际、地区和国别合作框架和协议沟通协调,共同推进相互联通和可持续发展而带来的合作机遇。这充分体现了“一带一路”的开放性和包容性。当今世界正面临百年未有之大变局,但开放包容与合作发展仍然是主流。我国通过对外开放发现机遇、抓住机遇和创造机遇,秉承“和平合作、开放包容、互学互鉴、互利共赢、平等透明、相互尊重”的“丝绸之路”精神，开展层次更深、水平更高、范围更广的全方位的区域经济合作，充分发挥各国的潜力和优势，以解决沿线国家经济增长与平衡发展问题。

2017年5月“一带一路”国际合作高峰论坛发表了《“一带一路”国际合作高峰论坛圆桌峰会联合公报》，强调了建设“一带一路”合作的基本原则，即法治原则、平等协商原则、互利共赢原则、和谐包容原则、市场运作原则、平衡和可持续原则。其中，市场运作原则即充分认识市场作用和企业主体地位，确保市场在资源配置中发挥决定性作用。由此可见，作为市场主体的企业在“一带一路”建设中处于核心主体地位，政府应遵循市场规律发挥政策引导和服务功能，反对保护主义，建设开放型经济和自由包容性的贸易体系，在公平竞争和尊重市场规律与国际准则基础上，大力促进经济增长、扩大贸易和投资，从而建设和完善以世界贸易组织为核心、普遍、以规则为基础、开放、透明、非歧视的多边贸易体制。2019年3月通过的《中华人民共和国外商投资法》更以法律形式宣示了我国政府对外商投资实施准入前国民待遇和负面清单制度，再一次彰显了我国进一步扩大开放的决心和意志。

“一带一路”为全球经济治理提供了新的路径与方向。然而也应当承认，我们国内的一些企业对“一带一路”沿线国家的政治格局、具体法律制度、经济贸易法规、文化与风土人情还不甚了解，而这些又恰恰是前往该国投资的必备“宝笈”。这就迫切需要有识之士担起研究和传播的重任，对“一带一路”沿线国家的具体制度，特别是与投资贸易有关的制度等，进行深入细致的研究并将成果出版。

上海对外经贸大学法学院是国内最早承担全国涉外律师培训的基地之一，又是全国最早招收国际经济法专业硕士研究生的法律院系之一，拥有一批具有深厚的法学研究基础，且愿意从事“一带一路”法律问题研究的优秀学者。北京大成（上海）律师事务所秉承“志存高远、海纳百川、跬步千里、共铸大成”的理念，热心致力于“一带一路”法律和经贸服务，积极与高校合作，共同完成该项研究。上海人民出版社是具有深厚学术积淀和强大学术传播力的国内优秀出版社，在法学图书出版方面享有很高的声誉。有鉴于此，这三方强强联手，充分发挥各方优势，出版“一带一路”法律·经贸丛书。期待这套丛书能为“一带一路”建设作出应有的贡献，也能成为沪上法学学术研究的新亮点。

是为序。

二〇二〇年四月

目 录

第一章
导　论

第一节　研究意义

“一带一路”倡议自2013年习近平主席提出以来，已经得到了国际社会高度关注和国际舆论的广泛讨论，具有深远的意义，体现了和平合作、开放包容、互学互鉴、互利共赢的核心理念，有利于促进沿线各国经济繁荣与区域经济合作，加强不同文明交流互鉴，促进世界和平发展。但同时也必须看到，“一带一路”倡议沿线国家横跨亚、非、欧三大洲，各国间的经济政治水平发展有极大差异，推动沿线国家的国际经贸合作面临着很多现实障碍，这其中，法制层面的障碍与风险不容忽视。“一带一路”沿线各国几乎涵盖了世界上所有的法系，法治的发展与健全程度不一，推进彼此之间的法律合作十分艰难和复杂。虽然自倡议提出以来，中国与合作各方制定实施了大量国际经济法文件，生成了众多独具特色的国际经济法原则、规范、规则和决策程序，有学者将其称为“一带一路”倡议下的国际经济法。[①]但

① 王彦志：《“一带一路”倡议与国际经济法创新：理念、制度与范式》，《吉林大学社会科学学报》2019年第2期。

是,“一带一路”的法律合作并不仅限于国际法层面。中国作为“一带一路”倡议的提出国,要想使我国推广的国际商事规则为“一带一路”沿线国家所接受,首先自己需要具备较为完善的并且契合国际贸易实践的国内法及当代商事规则。[①]因此,国内法的法制建设与完善同样不可忽略。我国应在充分研究和尊重既有国际经贸和商事规则的基础上,提出既适合中国国情,又适应世界发展潮流的现代商事贸易规则,完善本国的商事与经济法律制度,从而双管齐下,在国内法和国际法两个层面推进现代法律规则体系的形成,确保“一带一路”倡议目标的最终实现。

在“一带一路”沿线国家的经贸与法律合作中,市场准入问题是合作的焦点问题之一。在传统国际经济法中,市场准入类法律规范与规则保护类、实施机制类规范一起,构成国际经济法主要的制度内容。国际法所理解的市场准入(Market Access),指的是一国允许外国的货物、劳务与资本参与国内市场的程度,[②]它规定了缔约方或成员方在货物与服务贸易、外国投资等领域如何对外开放市场,一般采用正面清单或负面清单的规则创制模式。围绕市场准入问题展开的谈判,是传统双边与多边贸易和投资协定以及自由贸易区协议谈判的重点。通过市场准入谈判实现的高标准国际市场自由和市场主体权益保护,被认为是西方主导的国际经济法的核心内容。[③]以世界贸易组织为例,世界贸易组织的一系列协定和协议中,都要求其成员国分阶段逐步实行贸易自由化,扩大市场准入水平,从而促进市场的合理竞争和适度保护。在中国政府提出的“一带一路”倡议和《推动共建

① 范健:《从法律认同走向商法趋同——中国“一带一路”倡议下的法律合作路径研究》,《南京大学学报》(哲学·人文科学·社会科学)2018年第5期。

② 郑建成等:《中国市场准入环境与贸易投资新政:基于若干行业的实证研究》,对外经济贸易大学出版社2015年版,第45页。

③ 王彦志:《国际经济法总论:公法原理与裁判方法》,华中科技大学出版社2013年版,第271页以下。

丝绸之路经济带和21世纪海上丝绸之路的愿景与行动》等文件中，基于其内容与功能的不同，尚未如双边与多边协定一般规定具体详细的市场准入条款，但这并不意味着市场准入问题不存在或无须关注。恰恰相反，在倡议和相关文件提出的原则性、框架性合作领域的基础上，具有强制性与约束力的有关市场准入法律文件的签署，将是保障各方合作顺利展开及解决争端的基本法律依据。因此，市场准入问题在"一带一路"沿线国家的经贸合作过程中同样重要。鉴于当下"一带一路"沿线各国尚处于响应倡议和签署合作协议的阶段，讨论中国与各个沿线国家的市场准入谈判问题尚为时过早，但审视、检讨中国自身的市场准入法制发展及其完善却正逢其时。作为"一带一路"倡议的提出国，中国在市场准入法制建设上所取得的进步与成就，既有助于在本国构建起具有中国特色的统一开放、竞争有序的现代市场体系，更能在"一带一路"沿线国家中提振信心，为合作提供充分有力的法治保障。基于这一考量，笔者在"一带一路"倡议的宏观背景下，将市场准入研究限定在国内法层面，以我国政府调控或规制民间市场主体与外国投资主体进入市场所产生的市场准入问题为研究对象，以我国商事登记改革，负面清单管理模式，国家安全审查及事中事后监管等市场准入法制建设主题作为本书的基本内容。

第二节　研究现状与综述

一、"市场准入"概念的引入

"市场准入"的概念早期源自关税与贸易谈判过程中，主要用于要求一国开放其本国市场。在我国入关谈判时，"市场准入"的概念通过相关法律文件的翻译被引入，此后逐渐成为通用术语。贾晓燕、封延会(2009)在《市场准入——澄清、流变与制度构建》中指出，世界贸易组织的贸易协议中有三个协定直接使用了市场准入的概念，中国加入世界贸易组织后，“市场准入”的概念在国内法律和经济等领域得到了广泛使用。总体上在国内法中，市场准入在两个意义上展开，它既是国家市场管理的基本方式，又是实现自由和公平竞争的手段。戴霞(2006)则在《市场准入的法学分析》中指出，面对日趋复杂化、高度技术性的市场准入规制事项，面对日益加大的各种不确定性的风险，市场准入问题需要民商法、行政法、经济法及国际经济法等多个法律部门综合加以调整，应运用各种法律手段解决问题。

中国法学界在对“市场准入”问题进行研究时，大体上是在前述学者所描绘的路径上展开的。国际法学者在世界贸易组织框架下，围绕着银行业、农产品、文化作品与出版物、服务贸易等具体领域的市场准入问题进行了广泛讨论。[①]鉴于国际法的研究与本书旨趣相异，在此不作详细评述。

二、市场准入法制的形成

国内法学者对市场准入问题的讨论，主要聚焦于如何破除市场壁垒，进一步拓展准入主体的范围，讨论的重心大体上围绕着民间资本的市场准入和外资的市场准入两个维度展开，并因此初步形成了中国的市场准入法制。

(一) 民间资本的市场准入

对于民间资本的市场准入难题，学者大多关注的是民间资本在进入市

① 可参见张革:《中国服务贸易市场准入之法律问题研究》,《南京大学法律评论》2000 年第 1 期;贺小勇:《论我国外资银行市场准入条件与 WTO 规则的冲突与完善》,《南京社会科学》2004 年第 11 期;陈宪民:《论 WTO 农产品市场准入的法律制度现状与前景》,《政治与法律》2007 年第 4 期;贺小勇:《WTO 框架下中美文化作品市场准入争端的法律问题》,《国际商务研究》2008 年第 6 期;曾令良:《从“中美出版物市场准入案”上诉机构裁决看条约解释的新趋势》,《法学》2010 年第 8 期。

场时所面临的市场壁垒和所有制歧视，以及因为市场准入开放不够而引发的行政垄断。例如，王晓晔(2005)在《非公有制经济的市场准入与反垄断法》中即已指出，放宽非公有制经济的市场准入，不仅有利于繁荣城乡经济、增加国家财政收入、扩大社会就业、改善人民生活，而且对于打破电力、电信、邮政等行业的国家垄断，为不同所有制的企业提供公平和自由的竞争环境，为我国制定和完善反垄断法及其有效实施创造条件。杨军、洪劼(2007)在《我国非公有制企业市场准入的法律保障机制》中认为，实践中非公有性质的中小企业普遍面对着不合理的市场准入门槛，与市场经济的要求不符。完善非公有制企业的市场准入制度，应正确理解和贯彻对非公经济平等保护的原则，同时要完善配套措施，切实落实国务院的"非公经济36条"。李翃楠(2016)在《我国市场准入制度中的所有制歧视分析》中也发现，虽然我国对市场准入的改革是逐步放宽市场准入标准，但现实状况是民营企业依然难以享受与国有企业同等的待遇。民营企业受到的所有制歧视既来自立法层面，即某些法律政策仅允许国有企业进入特定市场，也包括执法层面，即管制机构在实施法律时存在的"滥权"与"越权"行为。赵鹏(2011)在《论行政垄断的法律规制——以完善市场准入制度为侧重点的分析》中指出，通过许可证管制来控制市场准入，是实现行政垄断的重要途径，因此需要完善《行政许可法》，规范市场准入制度以治理行政垄断。与之相似，刘大洪、段宏磊(2017)在《混合所有制、公私合作制及市场准入法的改革论纲》中也指出，当前我国的市场准入法律制度不能与改革需求相配套，存在对非公资本的显性准入壁垒与隐形准入障碍，需要以"规制放松"为主要形式进行准入规制的卸载式改革。

(二) 外国投资的市场准入

在外国投资的市场准入方面，以负面清单模式为代表的外资市场准入引发了各学科及各部门法学者的普遍关注。负面清单制度首先从上海自贸区开始试验探索，随后复制并推广至广东、天津、福建等自贸区。近年来，负面清单的概念和适用范围更是进一步得到引申和扩充，不仅适用于外资的市场准入，对内资也要实行负面清单管理，统一的内外资市场准入负面清单制度在中国的市场准入法中已经是呼之欲出。对此，学界就负面清单管理模式及其与市场准入之间的关系从理论上进行了较为详细的讨论。针对负面清单模式的来源，龚柏华(2013)在《中国(上海)自由贸易试验区外资准入“负面清单”模式法律分析》中首先指出，上海自贸区的“负面清单”模式是正在进行的中美双边投资协定“准入前国民待遇＋负面清单”谈判模式的先试先行。从私法自治的角度，王利明(2014)在《负面清单管理模式与私法自治》中基于“法无禁止即有自由”的私法理念，认为负面清单管理模式是我国深化市场准入制度改革的一个重要突破口，是我国全面深化改革的重要内容之一。作为一种市场准入管理模式，负面清单是私法自治精神的具体落实和重要保障。基于公法的视角，陈兵(2016)在《简政放权下政府管制改革的法治进路——以实行负面清单模式为突破口》中指出，负面清单模式蕴涵着法治经济思维，有助于推动政府放松管制和创新管制，可进一步推动厘清政府与市场的关系，改革行政审批，破除行政垄断。

党的十九大报告中，明确要求全面实施市场准入负面清单制度。就负面清单与市场准入法之间的关系，学者也多有讨论。管金平(2017)在《中国市场准入法律制度的演进趋势与改革走向——基于自贸区负面清单制度的研究》中指出，负责清单制度的文本特征体现出我国市场准入法律制度的基本演进趋势，未来我国的市场准入法制应立足于三方面的制度改进，即推进特定领域市场准入制度的深化改革，实现内外资市场准入法制的联动改革以及整合与修正关联立法。庄钰静、王敬波(2019)在《自贸区负面清单制度与我国现行市场准入法关系研究》中认为，从正面清单到负面清单的模式转变，在编制体例、服务理念和立法技术上都对我国现行市场准入法产生了重大突破。负面清单制度与我国市场准入法是特殊法与普通法的关系，因此现行市场准入法与负面清单不一致的地方，应遵循负面清单的要求。郭冠男(2019)则在《如何认识并全面实施市场准入负面清单制度》中对市场准入负面清单制度作了全面、系统的阐释，他指出该制度的实行有利于我国构建开放型经济新体制，参与高水平的国际竞争，同时也有利于实现我国市场经济体系与国际通行规则的接轨。有利于我国与其他国家签署更高水平和标准的双边投资协定和自由贸易协定，进一步增强我国市场经济体制的吸引力。基于上述研究结论不难发现，市场准入负面清单制度的推行与全面实施，对于中国完善自身的市场准入法制，推动和引领"一带一路"合作，促进要素在沿线国家有序自由流动，资源高效配置以及市场高度融合具有重要意义。

三、市场准入法制的重要制度变革

(一) 商事登记制度改革

我国的社会主义市场经济系由计划经济转轨而来，在转型过程中，作为市场准入的前端关口之一，市场主体的商事登记制度也在经历不断的变革。随着市场经济的深入发展，原有商事登记制度的缺陷已暴露无遗。朱慈蕴(2004)在《我国商事登记立法的改革与完善》中指出，我国的商事登记制度受历史传统的影响，以服从国家管理和强化行政权力为主导。在立法上则表现为立法分散和多元立法，缺乏统一立法的理念和规划，差别待遇现象严重且程序极不统一，并且立法过于偏重公法价值，设置过多的行政审批程序使商事登记法体系不堪重负。冯果、柴瑞娟(2005)也在《我国商事登记制度的反思与重构——兼论我国的商事登记统一立法》中指出，现存商事登记制度与我国经济发展状况、市场化改革方向之间的冲突愈发明显，制度的监管重心放在了企业的准入监管上，重事前把关，轻事后监管，重静态管理，轻动态监管，这与绝大多数国家采用的通行市场准入原则相悖。商事登记制度已经异化为国家实施严格市场准入控制和市场监管的工具与手段。王兰(2010)从商法的立场出发，在《商事登记与市场准入关系的法经济学思辨》中认为，商事登记制度本身即内涵了一定的市场准入功能，针对政府规制理论下高登记门槛的问题，需要回归至商事登记制度中一般准入机制的目的、必要性以及合理性设置等层面作出反思。商事登记的制度设计应在维护公私权益衡平的现代登记理念下，从宏观层面保障私权并在最低层级上维护公益。

在上海自贸区成立后，商事登记改革是其制度试验创新的重要内容之一。杨峰(2014)在《上海自贸试验区商事登记制度的改革与完善》中指出，原有的商事登记制度虽然有利于突出积极的事前监督，使市场准入机制为维护交易安全发挥了积极作用，但增大了交易的社会成本，在价值取向上过度注重了交易安全而忽视了效率。上海自贸区的商事登记改革则实现了价值取向上的转变，在理念上则从“全能政府”转化为“有限政府”。王湘军(2017)进一步在《商事登记制度改革背景下我国市场监管根本转型探论》中提出，商事登记制度改革旨在倒逼行政审批制度改革，将“前端”放活，降低市场准入门槛，激发市场活力，将监管重心从事前转向事中与事后。为此，除了在监管理念和监管机构上进行改革之外，监管重心也应从事前资格审批转向事中事后的信用监管。

(二) 国家安全审查

2019 年 3 月，十三届全国人大二次会议表决通过了《外商投资法》，在改革试验和《反垄断法》等现行立法的基础上，该法明确规定了对外商投资实行准入前国民待遇加负面清单的制度，对外商投资切实放宽了市场准入。与此同时，该法也进一步完善了对外资的监管制度，将国家安全审查纳入立法。在外资准入阶段进行国家安全审查，可以防范扩大外资准入后可能产生的风险，起到“防火墙”作用。因此，国家安全审查制度是对我国市场准入法制的重要补充。在《外商投资法》的立法之前，学界对于国家安全审查制度已经展开了相关讨论。江山(2015)在《论中国外商投资国家安全审查制度的法律建构》中提出，应在明晰目标定位的基础上确立“一体两翼”的国家安全法律体系，维护包括“居民、领土、主权、政府”在内的主体安全，两翼则聚焦于狭义国家经济安全和国防安全的规制。黄翔(2016)在《关于我国国家安全审查制度完善之思考》中，对国家安全审查制度的审查对象、审查标准、审查机构、审查机制、审查程序以及保障程序进行了较为全面的探讨。甘培忠、王丹(2015)则在《“国家安全”的审查标准研究——基于外国直接投资市场准入视角》中，在对“国家安全”概念辨析的基础上，提出以行业范围和影响程度作为基准来确定国家安全风险识别的考量因素。针对国家安全概念的不确定性、国家安全审查标准的模糊性以及国家安全审查结论的行政裁量性，国家安全审查一直以来受到泛政治化的质疑，王东光(2016)在《国家安全审查：政治法律化与法律政治化》中认为，此种质疑以静态的法律评价为基础，忽视了国家安全审查的立法逻辑是政治问题的有限法律化。国家安全审查机构依法律授权就外国投资是否危害国家安全作出政治判断，该判断不应受司法权力之审查。陶立峰(2016)则在《外国投资国家安全审查的可问责性分析》中指出，各国对国家安全认定的标准不一，导致了国家安全审查具有一定的不可预见性。为此，可通过建立国家安全审查的问责机制，完善国家安全审查的程序性规定来框定东道国政府的审查权力边界，实现东道国政府与外国投资者的利益平衡。

（三）加强事中事后监管

21世纪后，随着我国行政审批制度改革的不断深入推进，重在前端控制的行政审批被大量削减和下放，如何对行政审批精简之后的相关领域及行政相对人加强监管便被提上了议事日程，事中事后监管的重要性日渐凸显。在市场准入领域，商事登记制度改革实施以来，市场主体的数量在短时间内大幅增加，给监管部门制造了巨大的监管压力。与此同时，国务院适时提出了“放管服”改革，要求减少政府对市场的干预，创新和加强监管职能。因此，做好简政放权，协调好“放”与“管”的节奏，强化事前准入与事中事后监管的衔接配合，成为市场监管部门改革探索的重要课题。

经过近几年来的不懈努力，以自贸区为代表的事中事后监管改革取得了显著成绩，改革经验正在快速向全国范围进行推广。学界对改革实践给予了充分重视，从体制机制创新、自贸区改革经验总结、资本的进入与流出等多个角度对事中事后监管进行了较为深入的讨论。李路（2019）在《以体制机制创新提升政府事中事后监管能力研究》中指出，应在新型监管体系框架内加强事中事后监管，以体制机制创新为抓手，完善政府行政主导的监管机制，培育多方共同参与协同监管，同时要创新监管方法与手段，加快监管基础平台建设。无独有偶，蒋硕亮、刘凯（2015）在《上海自贸试验区事中事后监管制度创新：构建“四位一体”大监管格局》中也同样认为，应当以建设政府各管理部门互联互通、信息共享的大数据平台为抓手，着力构建政府主导、行业自律、企业自控、社会监督的“四位一体”大监管格局。陈奇星（2015）在《强化事中事后监管：上海自贸试验区的探索与思考》中，对上海自贸区成立一年多来在加强事中事后监管方面取得的成效和问题进行了总结，并从构建综合监管机制、创新监管方式和手段、加强监管影响评估的制度建设、提升社会参与水平以及加强监管执法队伍建设等五个方面提出了深化改革的对策建议。邵学峰、任春杨(2016)在《中国自由贸易区外商投资事中事后监管制度优化研究——基于新制度经济学理论视角》中，运用制度经济学理论分析后指出，当前自贸区外商投资的事中事后监管制度改革虽然存在路径信赖，但仅处于“中低度”状态且属于“非完全锁定”，应采取适当措施突破路径依赖的束缚，加快建立监管制度协同创新机制，积极完善事中事后监管配套制度，稳步落实安全审查和反垄断制度。除了对外资准入的事中事后监管外，我国学者在讨论了中国资本走出国门后的事中事后监管问题。孙利娟等人(2018)在《“一带一路”倡议下对外投资合作的事中事后监管》中认为，我国与“一带一路”沿线国家的投资合作面临着诸多问题和风险，对此，除了加强事前投资环境评估和尽职调查外，应建立对外投资合作企业的微观监管数据库和企业统一信用体系，构建权责明确的事中事后监管网络，深度探索事中事后商业监督机制。除了在全国广泛布点进行自贸区的改革试验之外，党中央国务院还在条件合适的地方探索自由贸易港建设。海南省肩负自贸区和自贸港的双重身份，尤其注重事中事后监管，并将其作为制度创新的核心任务之一。曹晓路、王崇敏(2019)在《中国特色自由贸易港事中事后监管创新研究》中指出，海南的中国特色自贸港事中事后监管制度创新，应在国内现有经验的基础上，进一步借鉴香港、新加坡、迪拜的成功经验，注重顶层设计，争取立法授权，以信用监管为核心构建事中事后监管风险防控体系，构建跨部门跨区域的信息监管共享平台，从而打造“自上而下”的事中事后监管制度创新体系。

总体上，学界对前述市场准入领域相关问题的深入讨论与真知灼见，为中国市场准入法体系的形成作出了重要贡献，构成了本书的坚实基础。

但是，随着我国经济体制改革与行政管理改革的不断深化发展，中国的市场准入法也在实现快速转型与前进。在市场准入领域，新诞生了一大批重要立法，以“放管服”改革和优化打造营商环境为标志的改革新任务也集中涌现，商事登记等重要制度正在经历重大变革。特别是“一带一路”倡议提出后，中国的市场准入法制面临着沉重的改革压力，肩负着构建国际高水平经贸规则的艰巨任务，也与国际法的规则体系有了更为密切的沟通。在此背景下，原有的研究成果不少已经落后于时代的发展变化，难以有效地解释社会现实，回应社会提出的挑战。对改革新动向和新举措，学界也缺少必要的关注和有深度的思考，相关研究无法充分发挥理论的引导作用，需要及时作出总结和反思。

第三节　研究思路与基本框架

市场准入制度是商品经济发展到一定历史阶段，随着市场对人类生活的影响范围和程度日益拓展和深化，为保护社会公共利益的需要而逐步建立和完善的制度。对市场准入制度的条件、标准、方式、程序和责任等作出规定的法律规范体系，即为市场准入法。[①]随着我国市场经济体制改革步入深水区，有关市场准入的法律规范、制度实践也在不断快速发展，推陈出新。在“一带一路”倡议的宏观背景下，中国的市场准入法制有必要及时在现有改革探索的基础上加以认真总结和反思，为建立具有中国特色的统一开放、竞争有序的现代市场体系，促进“一带一路”沿线国家的经贸合作交流贡献相应的力量，提供有力的法治保障。

---

① 刘大洪、段宏磊：《混合所有制、公私合作制及市场准入法的改革论纲》，《上海财经大学学报》2017年第5期。

鉴于国内的相关研究已经对市场准入法制分论，即各个具体经济领域的市场准入法律问题已有较为全面的讨论，笔者针对市场准入法制的一般性问题展开。在第一章提出问题的基础上，第二章将概述中国市场准入法制的基本内容与各个历史发展阶段，结合对国际国内宏观背景的介绍，就当下中国市场准入机制的现状予以总结，梳理其缺陷与不足，指出“一带一路”倡议下中国市场准入机制面临的严峻挑战并初步作出回应。

针对市场准入制度中仍然显著存在的所有制歧视，第三章重点讨论民间资本的市场准入法律问题。在总结现有歧视现象和问题的基础上，笔者拟提出放宽民间资本市场准入的相应原则以及具体的实施路径。同时，由于对民间资本进入市场存在着立法和执法层面的双重区别对待，讨论如何就该领域的市场准入法制进行纠偏与完善，包括运用司法救济机制加以保障，是该章的主要任务。

除民间资本市场准入问题外，外商投资市场准入则是另一个值得予以重点关注的对象。自中美开展双边投资协定谈判以来，中国已经通过自贸区建设和负面清单管理模式实现了外商投资市场准入制度的重大调整，并通过《外商投资法》的颁行固化了改革成果。第四章拟在总结改革实践和现有问题的基础上，进一步提出对外资准入的完善措施和实施路径，并针对“一带一路”倡议给外资准入提出的挑战，从法制建设的层面作出相应回答。

市场准入法制是政府规制市场制度体系的重要组成部分。近年来我国在政府规制和市场准入领域推出了一系列重大改革措施，如商事登记制度改革、国家安全审查制度以及各种事中事后监管措施。这些始于自贸区的改革试验，已经在实践中充分证明其效用，并已逐渐在自贸区之外的其他地方全面展开，推动着我国的政府规制从严格的事前监管转向放松事前监管，强化事中事后监管。第五章将针对这些具体的制度改革，讨论如何在“一带一路”倡议下进一步完善与推进这些制度，深化改革，从而将我国的市场准入法制建设推向新的高度。

第二章
中国市场准入法律制度的回顾、现状与挑战

第一节 中国的市场准入法制概述

一、市场准入的含义

一般认为，市场准入是一个外来词汇，是我国在介绍和翻译相关的法律文件、研究其他国家的相关制度时所引入的，有学者将“Market Access”直译为“市场准入”，此后逐渐成为通用术语。据学者的梳理，我国最早出现“市场准入”的正式法律文件是1992年的《中美市场准入谅解备忘录》。[①]在世界贸易组织的法律文件中，市场准入是国家的承诺，它是一项政府的义务，以政府制定和修改贸易与投资措施为基本表现形式。[②]随着市场的不断发展与法律的逐步完善，“市场准入”的意义也在逐渐扩张。最初引入我国时，市场准入概念多使用于国际贸易领域，指的是“在世界贸易组织制度框架下，一国市场主体自由进入某国市场的程度”。此阶段的市场准入概

① 吴弘、吴伟：《市场监管法论——市场监管法的基础理论与基本制度》，北京大学出版社2006年版，第95页。

② 车丕照：《“市场准入”、“市场准出”与贸易权利》，《清华大学学报》(哲社版)2004年第4期。

念，还未扩展到一国国内市场主体的准入领域。随着使用范围的扩大，市场准入已经不再是一个“涉外市场主体准入”的专属概念，而是演变成我国国内市场运行中的一项重要制度。鉴于本书限于从国内法层面讨论市场准入法制，因此，下文对市场准入含义的厘清，也仅限定在国内法的意义上。

从最宽泛的意义上而言，市场准入是指政府（或国家）为了克服市场失灵及国际自由贸易和国家安全的需要，实现某种公共政策，根据本国市场经济和国际条约的承诺，允许市场主体、货物、服务、资本等进入某个国家、地区或领域市场的宏观掌握和微观直接控制或干预。政府对市场进入的规制是政府规制的重要组成部分，是现代市场经济中市场进入门槛的不可或缺的制度安排。在国内法意义上，市场准入主要在以下两个方面展开：

第一，市场准入是国家市场管理的基本方式，通过审查、许可、批准、备案等手段建立起市场的门槛，成为保证产品质量、服务水平的标杆，也成为各级政府以建立良好的市场秩序为由介入市场的有力武器。就此而言，市场准入是一国允许各种经济要素通过一定的渠道，按照一定的条件进入本国市场的程度，是国家通过各种法律和规章制度对本国市场开放程度的一种掌握和控制，体现为一种国家管理行为。这里的管理行为包括确定哪些可以进入，哪些不可以进入，可以进入的方式如何，程度怎样，现在不能进入的何时才能进入，以及已经可以进入的在何种情况下可以有所改动。因此，市场准入和国内经济政策、法律有着最紧密的联系，对国内相关政策的制定产生直接影响。

第二，市场准入是实现市场开放与统一，实现市场公平竞争、反对垄断，横扫一切有形的、无形的贸易壁垒，争取商业机会的利器，是实现自由和公平竞争的手段。市场准入问题的出现是一国经济向市场化和适度自由化过渡转型中的必然现象。“对其讨论的目的是如何减少不必要的政府干预，破除各种人为准入障碍，为各个市场主体创造一个公平竞争的宽松环境。”[①]市场准入对市场主体的影响是广泛的。所有能够阻碍进入市场，导致竞争减弱的因素，如法律规定、管制、垄断或形形色色的规则等，都是对市场准入的干预。良好的商业环境，意味着所有的市场主体在符合条件的时候都能够获得参与竞争的机会。市场准入制度的构建对于建立统一的、自由开放的国内大市场，保障公平竞争乃至于完善社会主义市场经济都具有重要意义。

二、市场准入的基本分类

根据不同的标准，市场准入可以区分为不同情形。总体而言，市场准入可以作以下分类：

（一）国际市场准入和国内市场准入

根据一国政府对市场准入的义务职责，可以分为国际市场准入和国内市场准入。这是最基本、也是最重要的划分。国际市场准入是指一国允许外国货物、技术、服务和资本参与国内市场的范围和程度。如欧盟农产品的市场准入、中国服务贸易的市场准入等。从投资角度看，国际市场准入的投资环境有软环境和硬环境。从市场准入障碍或壁垒看可分为关税壁垒和非关税壁垒，非关税壁垒包括反倾销、技术壁垒、国内补贴、国内支持、技术壁垒、环境壁垒、争端解决机制、政府采购透明化等。国内市场准入是一国政府对一国之内的市场主体及交易对象进入市场的控制或干预。主要包括一般市场准入、特殊市场准入及成员方具体承诺的国内实践等。国

① 刘义圣：《民间资本市场准入的障碍与超越》，《经济学动态》2003 年第 9 期。

内市场准入的条件和程序通常是一国主权范围内的事务，是政府履行管理职责，规制市场经济的一项重要内容，它是一国法定的权力。国际市场准入则通常是由一国政府对外所作的国际承诺而决定的，其效力来自一国政府的承诺，如中国政府在中国加入世界贸易组织议定书中的承诺。应当注意的是，对一国政府而言，国际市场准入是条约的义务而非一般的国际义务，是约定义务而非法定义务。

（二）一般市场准入和特殊市场准入

这是根据国内市场准入的宽严度进行的划分。一般市场准入即对抽象意义上一般性行业的所有微观主体进入市场进行的规制。只要符合有关法律、法规限定的条件，微观经济主体经政府有关部门履行商事登记手续，领取营业执照，就可进入市场。特殊市场准入则包括行政法中的行政许可和经济法中的市场准入，是指对市场主体进入特殊市场有特殊要求，企业需要履行申请报批手续，经政府有关部门批准后赋予特许经营的权利，或是政府对某些特殊行业解禁后才允许其他企业进入这些行业开展经营活动。这种区分有利于国家或政府对市场状况作出分析，根据市场对政府管制需求情况的要求而制订正确的市场准入规则。

（三）其他方式的分类

除上述两种基本分类外，按照不同的类型化标准，市场准入还可作其他类型的区分。例如，按照法律主体性质的不同，可以分为企业主体与劳动主体的市场准入法律制度，对企业主体的准入标准主要是设置若干生产经营条件，如资本数额、营业场所、开业准备等；对劳动主体主要是特定职业所需的年龄条件、身体条件、技能条件和信誉条件。①按照产业类型的不

① 刘少军、王一鹤：《经济法学总论》，中国政法大学出版社 2015 年版，第 169 页。

同，可以分为一般产业与特殊产业的市场准入法律制度，与一般产业的市场准入门槛较低不同，诸如能源、金融、军工、交通等特殊产业通常会设置更高的准入门槛，以达到对在位经营者进行总量控制、防止恶性竞争、提高规模经济效率的目的。①按照市场准入审查形式的不同，可以分为注册制、核准制与审批制，其中注册制主要进行形式审查；核准制同时进行形式与实质审查；审批制则往往在进行实质审查的同时，还对经营者资质进行额度控制。②

三、市场准入法的基本内涵与性质

有学者指出，市场准入法的形成，是基于市场规制法对公共规制经济学的准入规制理论的继承和吸收。③市场准入是有关国家和政府准许公民和法人进入市场，从而从事商品生产经营活动的条件和程序规则的各种制度和规范的总称。它是商品经济发展到一定历史阶段，随着市场对人类生活的影响范围和程度日益拓展和深化，为保护社会公共利益的需要而逐步建立和完善的。规定与此相关的对市场准入制度的条件、标准、方式、程序和责任等的法律所形成的体系即为市场准入法。④市场准入法同时还是一个具有部门法交叉属性的领域，商法上的“商事登记制度”一定程度具有市场准入法的性质，但其内涵较为狭窄，主要指的是竞争性行业的非实质准入审查；⑤在行政法中，市场竞争性有限的公共行业由于经营者数量受到限制，则会以行政审批行为的形式实施市场准入法。⑥

---

① 文学国主编：《政府规制：理论、政策与案例》，中国社会科学出版社2012年版，第186页。
② 管金平：《中国市场准入法律制度的演进趋势与改革走向——基于自贸区负面清单制度的研究》，《法商研究》2017年第6期。
③ 参见刘大洪：《法经济学视野中的经济法研究》，中国法制出版社2008年版，第281页。
④ 刘大洪主编：《经济法学》，中国法制出版社2008年版，第401页。
⑤ 范健、王建文：《商法学》，法律出版社2012年版，第61页。
⑥ 王克稳：《论行政审批的分类改革与替代性制度建设》，《中国法学》2015年第2期。

有学者提出，市场准入法体现了公法与私法的统一、实体和程序的统一、综合性与专业性的统一，以及政策性与法律性的统一，表现出经济关系调整上鲜明的国家意志性，应归入经济法的范畴。①支持这一观点的学者也认为，市场准入制度从性质上讲，应属于市场监管法的一部分。市场准入是前置式的市场监管，是确保市场安全有效的头道关卡。市场准入与市场退出、市场禁入制度相呼应，共同形成市场进入制度体系，成为市场监管法的重要支柱。②就此而言，市场准入法是市场监管法的组成部分之一，性质上应属于经济法。

本书认为，作出市场准入或不予准入决定或制订相关规范文件的主体是国家与政府，准入或不予准入的对象则是公民、法人或其他组织，这一法律关系中的主体双方呈现出强烈的不对等关系，属于典型的高权行政。对市场准入的条件、标准、方式、程序及责任等诸多方面的规定，也均系国家与政府的单方意志形成。因此，市场准入法属于公法的范畴自无异议。至于其究竟为行政法还是经济法，则无须过于纠结。传统的部门法学思维在面对社会不断涌现的新兴问题和新兴领域时，已经越来越多地暴露出其方法上的无力和研究范式上的困窘。相反，如果能抛开部门法学的窠臼，以现实问题为导向，以特定经济社会领域全部与法律有关的现象为研究对象，融合各学科研究范式于一体，或能更为有效地回应当下中国社会大变革时代的现实诉求。就此而言，我们不妨将市场准入法视为一种“领域法学”。③

---

① 廖志雄：《市场准入法律制度研究》，载史际春、邓峰主编：《经济法学评论》第四卷（2003），中国法制出版社 2004 年版，第 263—265 页。

② 吴弘、吴伟：《市场监管法论——市场监管法的基础理论与基本制度》，北京大学出版社 2006 年版，第 98、99 页。

③ “领域法学”的概念在我国最早由财税法学界提出，有关其概念、功能定位及研究方法，详见刘剑文：《论领域法学：一种立足新兴交叉领域的法学研究范式》，《政法论丛》2016 年第 5 期。

四、我国市场准入法律制度的历史演变

20世纪70年代末之前,我国曾实行计划经济体制,所有的经济行为都由国家调控。现行的市场准入制度是随着改革开放的逐渐展开而建立起来的。到目前为止,我国的市场准入制度大致经历了以下几个发展时期:

(一) 市场准入法律制度的恢复时期(1978—1992年)

1978年的十一届三中全会开启了改革开放历史新时期,随后我国的市场准入法律制度进入了恢复发展的阶段,确立了企业法人登记的市场准入法律制度。具体如下:第一,1986年《民法通则》的颁布标志着我国在法律上确立法人制度;第二,1982年的《工商企业登记管理条例》和1988年的《企业法人登记管理条例》则标志着我国建立了企业法人登记的市场准入制度。由于当时我国实行的是有计划的商品经济,因此企业类型的划分是按照所有制形式,企业市场准入实行严格的审批制。

(二) 市场准入法律制度起步发展时期(1992—2002年)

1992年我国进入了社会主义市场经济的发展时期,这期间我国确立实行以公司制为核心的现代企业制度,这为我国加入世界贸易组织创造了条件。这一时期市场准入法律制度的发展主要体现在:首先,我国确立了现代企业制度,在市场主体立法方面,采用市场经济体制国家通用的企业组织形式,并且颁布了一系列的法律法规,如1993年颁布的《公司法》和1994年颁布的《公司登记管理条例》,1997年颁布的《合伙企业法》和《合伙企业登记管理办法》,1999年颁布的《个人独资企业法》。这一时期有限责任公司、合伙企业和个人独资企业的设立实行核准制,而股份有限责任公司的设立依然需要审批。其次,我国在加入世界贸易组织前修改了《中外合资经营企业法》《中外合作经营企业法》及《外资企业法》等法,对合资企业、合营企业及外资企业的市场主体地位进行了具体规范。

（三）市场准入法律制度探索与快速发展时期(2002—2012年)

世界贸易组织的加入对我国市场经济的法治建设提出了更高的要求，这一时期法治政府建设步入快速发展的轨道，在一般市场准入上国家继续放松规制，特殊市场准入则终于迎来了属于它的发展时期。第一，2005年修订的《公司法》大幅度下调最低注册资本、放宽出资方式、取消股份有限公司的设立审批等修订内容等体现了我国正在逐步放松一般市场的准入规制。第二，在特殊市场准入上，我国规范了行政审批，更重要的是民间资本的准入终于打破坚冰。

这一时期具有重要意义的立法和政策文件具体如下：第一，2003年我国颁布《行政许可法》，对于规范政府设定和实施行政许可，保护公民、法人和其他组织的合法权益，维护公共利益和社会秩序，保障和监督行政机关有效实施行政管理具有重大意义；第二，国务院在2005年颁布《国务院有关鼓励支持和引导个体私营等非公有制经济发展的若干意见》(以下简称为“非公经济36条”)。作为新中国成立以来首部以促进非公有制经济发展为主题的中央政府文件，“非公经济36条”对非公有资本的市场准入实行“非禁即入”的原则，不但大幅放宽了非公有制经济的市场准入，并且要求加大对其的财政金融支持，完善社会服务，维护非公有制企业和职工的合法权益；第三，2010年国务院颁布《关于鼓励和引导民间投资健康发展的若干意见》(以下简称为“民间投资新36条”)。该文件被认为是改革开放以来国务院出台的第一份专门针对民间投资发展、管理和调控的综合性政策文件。针对民间投资发展中存在的“玻璃门”“弹簧门”等现象，文件进一步明确和细化了“非公经济36条”等文件中有关放宽民间资本市场准入的政策规定，更加具体地提出了鼓励民间资本进入相关行业和领域的范围。例如，文件中明确提出鼓励和引导民间资本进入交通、电信、能源基础设施、市政公用事业、国防科技工业、保障性住房建设等领域，兴办金融机构，投资商贸流通产业，参与发展文化、教育、体育、医疗和社会福利事业。可以看出，这几乎涉及了与经济、社会发展和百姓生活相关的各行各业。而且文件中不仅有准入的具体内容，还有鼓励民间投资进入的具体途径和方式等，对于放宽民间资本投资渠道，创造公平竞争、平等准入的市场环境具有非常重大的意义。

(四) 市场准入法律制度的最新发展及重大变革时期(2013 年至今)

十八届三中全会以来，我国市场准入制度更是迎来了全面的加速改革。首先，市场准入制度改革转向对效率价值的追求，改变以前对安全价值的过度倾斜，在立法上降低了企业进入市场的成本。其次，在“简政放权”理念指导下，政府职能从管理型政府向服务型政府转变，为企业的准入程序“松绑、减负”，大大提高了市场准入效率。为此，国务院先后出台了一系列政策和改革措施，通过在自贸区的试验探索后向全国推广，极大改变了现有的市场准入相关制度。最后，积极探索区域市场准入和特定行业市场准入的改革。我国一直在积极研究新的市场准入举措，并在若干行业上积极向民营资本敞开。在此前“非公经济 36 条”和“民间投资新 36 条”的基础上，2019 年 12 月 22 日颁布的《中共中央　国务院关于营造更好发展环境支持民营企业改革发展的意见》中，对进一步放开民营企业的市场准入再次作出了非常明确的规定。该意见要求精简市场准入行政审批事项，全面落实放宽民营企业市场准入的政策措施，全面排查、清理各类显性和隐性壁垒。在电力、电信、铁路、石油、天然气等重点行业和领域，引入市场竞争机制，允许民营企业以参股或控股方式进入。在基础设施、社会事业、金融服务业等领域，则大幅放宽对民营企业的市场准入，并要求相关职能部门研究制定民营企业分行业、分领域、分业务市场准入的具体路径和办法。

第二节 中国市场准入法制的现状与问题

一、中国市场准入法制的现状和特点

(一) 当下中国市场准入法制的基本特点

计划经济这一特殊历史时期所形成的政府包揽一切经济活动的思维，对我国的市场准入管理和法律制度产生了深刻的影响。经过多年改革，我国的市场准入管理和法律制度正在逐步走向更加开放、更加透明、更加公平的方向，但与其他成熟的市场经济国家相比，仍表现出较为强烈的阶段性特征。现阶段中国市场准入法制主要呈现出以下特点：

1. 三类主体管理格局已经形成

按照市场准入管理方式的不同，当前我国的市场准入管理制度已经形成对一般主体、特殊主体和涉外主体三大类别主体的管理格局。一般主体的市场准入法律制度，在我国主要由企业与公司法来加以调整，现阶段已经形成较为健全和统一的法律体系，通常采取商事登记的形式。特殊主体的市场准入法律制度，往往关系国计民生、国家利益和社会公共安全，只有取得政府特别的行政许可才能取得进入市场的资格，通常采取特许或核准后再作商事登记的行政许可形式。涉外主体的市场准入法律制度，包括外资进入本国市场和本国资本进入国际市场两类，通常也必须在普通的商事登记之外获得专门的行政许可。

2. 国际经验与中国特色相结合

在改革开放过程中，我国的市场主体准入管理制度逐步形成了中国特色加国际经验的混合模式。一方面，从计划经济过渡而来的市场管理体制，形成了具有中国特色的管理方式，如对国有企业、集体企业、民营企业

这三类不同身份的主体适用不同的法律法规，特事特办的情况时有发生。另一方面，我国市场准入管理制度改革的深化离不开对国际经验的借鉴，对外开放成为倒逼国内制度改革的重要动力。特别是加入世界贸易组织之后，我国加快了市场准入法律制度改革的步伐，逐步弱化或取消国有企业的特殊优惠待遇，市场主体更加多元化和多样化。自中美双边投资协定谈判启动以来，国际通行的“准入前国民待遇＋负面清单”模式为公众所熟知，不但成为外资准入的基本模式并得到《外商投资法》的确认，更将进一步在未来促成内外资统一的市场准入负面清单在我国的建立。

3.“宽进严管”的市场准入法律制度特征日趋明显

在计划经济时代以及计划经济向市场经济转型的早期，我国市场准入制度对进入环节要求很高，过分强调市场主体的责任，重事前监管、轻事中事后监管的特征十分明显。在准入过程中，由于过分强调事前监管，所需审核、批准过多，便捷性和透明度严重不足，直接提高了主体进入市场的事前成本。同时，立法对准入环节中其他主体（包括相关政府部门、中介组织等）的责任缺乏明确的规定和监督，使市场主体处于明显的弱势状态。在事中事后监管方面，其严格程度则远低于准入的要求，“严进疏管”的特征十分明显。但是这一局面经过近年来的不懈努力，已经有了根本性的转变。国务院自 2001 年开始启动行政审批制度改革，迄今已逾六轮，取消和调整了大量行政审批项目，极大放松了对市场主体的事前监管，激发了市场活力。在放宽市场准入之余，政府通过强化事中事后监管来强调后端控制，以此来弥补放松事前监管可能带来的风险，填补监管真空。2015 年 5 月 12 日，国务院召开全国推进简政放权放管结合职能转变工作电视电话会议，首次提出“放管服”改革的概念，通过下放行政权、创新和加强监管以及优化政府服务，进一步减少了对市场主体的过多干预，降低了市场主体的市场运行的行政成本，促进了市场主体的活力和创新能力。结合前述的公司注册资本制度改革、商事登记制度改革、企业信息公示及信用监管措施等，“宽进严管”的市场准入制度已经基本形成。可以预见，放松事前监管，强化事中事后监管的“宽进严管”特征，在未来的市场准入法律制度改革中只会得到更多坚持和强调，我国的市场准入法也将逐步与国际通行的市场准入法制相接轨。

4. 效率、安全、公平并重的制度价值观得以确立

“严进疏管”的市场准入制度凸显的是以安全为优先的价值考量，但以往对市场主体严格的准入控制是以牺牲其他制度价值为代价的，尤其对效率的影响甚大。改革之后，“宽进严管”则充分吸取了之前的教训，在强调效率价值的同时也没有牺牲安全。如前所述，放宽市场准入门槛固然使商事登记的效率得到了极大提升，更为充分的市场竞争也有助于提升市场本身的经济效率。但效率提高的同时不能忽视对安全底线的坚守，因此放松事前监管后，还须同步构建和强化事中事后监管。即便如此，实践中还是出现了市场主体利用商事登记制度改革之机，冒用他人身份信息取得公司登记，从而侵害他人合法权益的情形，值得引起高度重视。①除了安全与效率之外，市场准入法律制度所追求的价值中还包括公平，它既要求平等，即市场主体之间的平等和监管部门对市场主体的平等对等，也要求法律制度的内容及其执行应当符合正义，当出现不公时，市场准入的立法、执法和司法机关应当能够提供相应救济、制裁或惩罚以矫正不公正的后果。②

总体而言，尽管我国市场准入法制尚未臻于完善，但效率、安全、公平

① 庞仙：《总局出台撤销冒名登记指导意见》，《中国市场监管报》2019 年 7 月 8 日。

② 吴弘、吴伟：《市场监管法论——市场监管法的基础理论与基本制度》，北京大学出版社 2006 年版，第 102 页。

并重的制度价值观已经得到监管部门和市场主体的一致确认，后续改革中所需坚持的，只是如何进一步完善制度以更好地追求和实现上述价值。

（二）中国市场准入法制的现状

如前所述，自党的十八届三中全会通过《关于全面深化改革若干重大问题的决定》，提出建立公平开放透明的市场规则，实行统一的市场准入制度以来，我国的市场准入法制改革进入了快车道，一系列改革举措连番出台，令人几有目不暇接之感。这些改革措施的目的，在于使市场在资源配置中起决定性作用，旨在激发市场活力和发展动力，对于促进国内、国际要素的自由流动，构建具有中国特色的统一开放、竞争有序的现代市场体系起到了极大推动作用。下文将通过对近年来我国市场准入制度主要改革举措的介绍，以全面理解当下中国市场准入法制的发展现状。

1. 公司注册资本从“实缴制”转为“认缴制”

2013年《公司法》修改，取消公司注册资本的最低限制，有限责任公司注册资本实行“认缴制”，不再限制首次出资比例和货币出资所占比例。随后，国务院出台《注册资本登记制改革方案》，大大减少了注册资本的相关登记事项。注册资本制的改革，可以积极破解企业进入时的“玻璃门”难题，大大提高了大众投资创业的积极性，从而在法律制度上为培育更多的市场主体、激发市场活力提供了依据和奠定了基础。

2. 商事登记制度的便利化改革

首先，“先证后照”转变为“先照后证”。“先照后证”最先在上海自贸区试点，明确规定了商事主体的主体资格和经营资格相分离的登记制度。企业可以先行办理营业执照，从事一般生产经营活动，然后可以根据经营的需要再办理相应的行政许可证照。全国各省市都在积极推行该项制度。随后，2015年10月国务院出台《国务院关于“先照后证”改革后加强事中事后监管的意见》,该意见指出了"信用约束""协同监管""社会共治"等的"先照后证"的完善举措。

其次,"三证合一"的登记制度。"三证合一"的登记制度一改以前企业需要分别办理组织机构代码证、税务登记证和营业执照的繁琐登记流程,提高了市场准入的效率。2015 年 10 月 1 日,我国全面实行"三证合一、一照一码"登记制度,直接由工商部门核发一个载有法人和其他组织统一社会信用代码的营业执照。此外,在登记方式上,我国积极推行网上登记,提高了企业登记注册的效率。

最后,"企业年检"制度转变为"企业年报"制度。企业年检制度主要是对企业经营资格的检查确认,但年检程序繁杂,并且不同企业的年检制度还有所差异。改革后的年报制度,企业可以向登记机关直接提交年度报告,公示上一年度的主要经营活动情况。这样便由行政机关对企业的监督检查,变为企业向社会公众公开的自身义务,由被动变为主动,大大降低了企业的负担,提高了企业的积极性。

3. 商事主体载入经营异常名录后的重点监管制度

该制度是在市场准入放松后,转而在事中事后监管环节对商事主体进行重点监管的措施。商事主体未在规定期限内提交年度报告或无法联系,就会被载入经营异常名录,载入后连续满一定期限的,登记机关会将其另行移入严重违法失信企业名单。一旦列入名单,不仅企业会受到市场监管部门的重点监管,企业负责人和法定代表人也会受到资格限制,3 年内不得担任其他企业的负责人或法定代表人职务。该制度的目的在于促使企业重视自身的信用建设,是健全社会信用体系,加快构建以信用为核心的新型市场监管体制的核心内容。通过建立、完善守信联合激励和失信联合惩戒制度,信用监管体系的确立,有利于进一步推动简政放权和政府职能转变，营造公平诚信的市场环境。必须指出的是，虽然商事主体被列入经营异常名录或严重违法失信企业名单，但依然不能免于承担相应的法律责任。

4. 企业信用信息公示制度

该制度主要是通过政府建立统一的商事主体登记和许可的信用信息公示平台，用于发布商事登记、备案、年度报告、经营异常目录、处罚等信息。在该制度下，可以有效发挥社会监管的作用，充分发挥市场机制，有利于企业重视自身信用建设和构建全国的诚信体系。2014 年 2 月，全国企业信用信息公示系统上线。2014 年 8 月，国务院颁布《企业信息公示暂行条例》，为企业信用信息公示制度提供了充分的法律依据。与前述经营异常名录及严重违法失信企业名单相结合，企业信用信息公示制度充分发挥了信息公示与披露对于商事主体的规制作用。作为推进政府简政放权、放管结合的重大举措，它是建设服务型政府的内在要求，也使中国第一次在现代商事登记管理制度构建上走在了世界的前列，成为中国社会信用体系建设的里程碑。

5. 行政审批事项的取消和下放

从 2014 年到 2016 年，国务院先后进行了多次行政审批事项的取消和调整。2014 年国务院将 152 项前置审批事项调整或者明确为后置审批，仅保留了 34 项前置审批，并且对前置审批事项作进一步清理和调整。2015 年国务院发布《关于取消非行政许可审批事项的决定》，彻底取消了“非行政许可审批”的审批类别。2016 年的政府工作报告指出，当年已经取消和下放 311 项行政审批事项，工商登记前置审批精简 85%。随着行政审批制度改革的深入推进，除了取消和下放审批事项之外，对审批条件难以事先核实、能够通过事中事后监管纠正且风险可控的行政审批事项，不少地方的行政审批机关还在试点实行告知承诺制，通过审批机关的提前告知和申请人的书面承诺，进一步加快行政审批决定的作出，实现了放开市场准入和严格监管的更好结合。①

6. 自贸区的市场准入改革探索

在市场准入的改革探索中，我国沿袭了改革开放以来的一贯思路，即授权部分试点区域率先进行改革试验。2013 年 9 月 29 日，中国(上海)自由贸易试验区正式成立。肩负改革试验田重任的上海自贸区，在制造业、服务业等领域推出了一系列措施，其中绝大部分与扩大开放、放宽市场准入相关。在自贸区实行的特殊市场准入政策规定中，主要包括如下一些改革探索：首先，在市场准入政策上，以上海自贸区为代表的试验区率先调整商事登记的有关规定，开展“先照后证”“三证合一”等制度的试验探索并逐渐推向全国，这表明我国区域市场准入的试验探索是成功的。其次，自贸区在多个领域的投资准入上，向民营资本作了很大限度的放宽。最后也是最为重要的，推出了针对外资的准入特别管理措施，即市场准入负面清单制度。在借鉴学习国际通行投资规则的基础上，自贸区外资准入的立法确认了两个极为重要的概念，一是准入前国民待遇，二是负面清单。尤其是负面清单制度，一经推出后收到极为积极的市场反馈。对于中国的市场准入法制而言，外资准入负面清单的诞生具有革命性的意义。姑且不论其是否实质性减少了对外资的限制内容和管制措施，仅仅在观念上，它所体现的“法无禁止即有自由”的法律理念，以及所遵循的“除非法律禁止的，否则就是法律允许的”解释逻辑，②对中国市场准入法制的转型便具有划时代的意义。正是看到负面清单所具有的正面效果，我国政府随即将其适用范围

① 例如，上海市政府于 2017 年 10 月颁布的《上海市行政审批告知承诺办法》(沪府发〔2017〕82 号)，载上海市人民政府网 http://www.shanghai.gov.cn/nw2/nw2314/nw2319/nw11494/nw12331/nw12343/nw41431/u26aw54100.html，2019 年 12 月 24 日。

② 龚柏华：《中国(上海)自由贸易试验区外资准入“负面清单”模式法律分析》，《世界贸易组织动态与研究》2013 年第 6 期。

进行了引申和扩充，从自贸区的外资准入负面清单，发展到内资准入也实行负面清单制度，最终形成我国内外资统一的市场准入负面清单。毫不夸张地说，市场准入负面清单制度对于逐步解决行业封锁、市场分割、所有制歧视和不平等竞争等各种形式的市场壁垒，建立公平公正的市场环境，从根本上改变我国市场准入的管理方式将产生决定性作用。

7. 管制行业市场准入的逐步放开

对民间资本和外资而言，中国市场准入历来最受诟病的地方之一，就是特定行业只向国有资本开放，存在着各种显性和隐性的市场准入壁垒。但是，通过国务院的“非公经济 36 条”和“民间投资新 36 条”，以及最新发布的支持民营企业改革发展的意见等一系列重量级文件，民间资本投资的“玻璃门”“旋转门”已逐渐被打破。《外商投资法》所确立的“准入前国民待遇＋负面清单”模式，也为外资大规模进入原本高度受管制的市场奠定了基础。这些管制行业市场准入的逐步放开，体现在以下各个方面。首先，以电信业、银行业为代表的管制行业，目前已经允许民间资本进入，已经出现第三方通信运营商和银行牌照。其次，在公用事业和基础设施的投资建设上力推实行的政府与社会资本合作模式，为民间资本进入这些传统上典型的垄断行业提供了有利渠道。2015 年 9 月国务院出台《关于国有企业发展混合所有制经济的意见》，也在大力鼓励各类资本参与国有企业混合所有制改革。最后，针对外商投资的负面清单每年都在不断缩减，中国领导人在 2019 年 4 月召开的第二届“一带一路”国际合作高峰论坛上正式宣布，中国将在更多领域允许外资控股或独资经营，并且将推动现代服务业、制造业和农业全方位对外开放。①

① 《习近平：更广领域扩大外资市场准入》，《新京报》2019 年 4 月 27 日。

二、中国市场准入法制的问题与不足

(一) 市场准入仍存在的问题

尽管中国目前的市场准入比之起步阶段有了根本性改善,但远未臻完善。正因为此,在党中央、国务院发布的历次重要文件中,才会不断强调进一步引入市场竞争机制,放开市场准入。在《国务院关于鼓励和引导民间投资健康发展的若干意见》中,更是明确要求对市场准入中的各类显性和隐性壁垒进行全面排查、系统清理,并且在电力、电信、铁路、石油、天然气等重点行业和领域放开竞争性业务。显然,我国政府对于市场准入制度中的某些现实顽疾有着非常精准的把握。

总体而言,我国市场准入中的显性和隐性壁垒在近年来的市场准入法制改革中已经有了很大程度的削减,但尚未完全消除。以显性壁垒为例,我国在增值电信、医疗机构、银行服务、保险业、律师服务、娱乐场所、电影院等领域,仍普遍存在诸如出资规模、设立主体限制、软硬件标准等方面的政策门槛。据统计,在第一、二产业中,我国的平均限制程度高于日、韩、德、英、俄、印等国家。第三产业则是在所有领域的限制程度都高于日本,除航空领域外,其他领域的限制程度也高于美国。①至于隐性壁垒,更是在行业中大量存在。例如,虽然某些服务业已经被列为外资鼓励类,从政策上允许外资进入,但是在行业人员资质、用地、备案和消防等方面仍存在进入门槛,事实上制约了外资的进入。②还有学者发现,在烟草制造业等领域,国企垄断的现象依然存在,国企在这些行业的占比较高。③民营企业在这些

① 张威:《我国营商环境存在的问题及优化建议》,《理论学刊》2017 年第 5 期。

② 以建筑设计为例,外资设计企业无论其规模、经验与国际业绩记录如何,在中国申请设计资质时,初始申请只能为乙级或以下。详见张威:《我国营商环境存在的问题及优化建议》,《理论学刊》2017 年第 5 期。

③ 李飞、王琰琰:《从“诡寄经营”到“维尔京现象”——我国民营企业进入垄断行业的历史与现状》,《经济论坛》2013 年第 3 期。

领域难以打开局面，往往不是因为其效率与活力不足，而是由于这些行业的市场开放度低。

针对我国市场准入管理中存在的这些问题，有学者直指系计划经济思维的残余，政府在准入环节仍然干预过多，“政府失灵”表现明显。除了因显性和隐性壁垒过多导致市场准入门槛太高之外，还存在着其他四个方面的问题：一是政出多门，市场主体无法简单明了地获知进入市场需满足哪些要求；二是程序复杂，市场准入管理机构多，准入方式多，审批环节多；三是公平程度不够，内资外资、国资民资、不同所有制、不同组织形式的市场主体存在不平等竞争状态；四是透明度不足，政府拥有过多判断能否准入的“剩余决定权”，使市场主体始终处于获取合法地位的焦虑中，也导致了权力寻租。①

（二）市场准入法制的缺陷与不足

市场准入存在的种种上述问题，与我国市场准入法制有着密切的关联。不少市场准入的显性壁垒都来自立法的直接规定，而隐性壁垒则往往是规制机关在执法中的“滥权”或“越权”所导致。因此，找准现阶段我国市场准入法制的问题与不足，以发挥市场在资源配置中的决定性作用为指导思想对市场准入法进行系统改革，方能真正破解不合理的市场准入壁垒，克服行业封锁、市场分割、所有制歧视和不平等竞争的市场准入痼疾。

现阶段市场准入法制存在的问题，大体上可以从立法与执法两个层面进行认识。

1. 立法层面

相对于国有经济，我国的立法对于非公有制经济和外国资本的差别化

① 郭冠男：《如何认识并全面实施市场准入负面清单制度》，《中国行政管理》2019 年第 1 期。

对待历来有之，这种市场准入中的所有制歧视，或者如某些学者所言的市场准入法中的“傲慢与偏见”，[①]可谓是很难破除的显性壁垒。根据我国宪法规定，作为以公有制为主体的经济制度，国有经济是我国国民经济中的主导力量。因此，法律中多有对国有经济予以保障的规定，如《反垄断法》第七条便规定国有经济占控制地位的关系国民经济命脉和国家安全的行业以及依法实行专营专卖的行业，国家对其经营者的合法经营活动予以保护。

2. *执法层面*

严格意义上说，我国现有法律中规定只能由国有企业专营的特殊行业是非常有限的，大部分行业与领域并没有限制民间资本进入的明确规定。对外国投资的限制在负面清单出现之前，则主要通过定期发布的《外商投资产业指导目录》予以公告。基于“法无禁止即有自由”的原则，这些未被禁止进入的行业与领域，国内外资本应当可以自由进入。甚至在不少重要领域，立法还明确鼓励国内外经济组织与个人投资开发、建设与经营，如《电力法》第三条、《公路法》第四条、《港口法》第五条均有类似规定。但是，即便在法律已经作出如此明确规定，国务院历年来也通过文件不断要求放宽对非公经济市场准入的情况下，非公有制经济想要进入这些特殊行业和领域，仍然面临着数不胜数的障碍与困难。这些具体的市场准入障碍，主要出现在法律的实施与执行环节。

在执法层面，市场规制部门的所有制歧视，既有具体的审批行为，也包括制订抽象规则的方式，实践中两者往往结合在一起，成为市场规制部门设立市场准入壁垒的最主要手段。具体而言，一方面，为了设置市场准入

---

① 刘大洪、段宏磊：《混合所有制、公私合作制及市场准入法的改革论纲》，《上海财经大学学报》2017 年第 5 期。

的门槛，规制部门除了实施和执行法律设定的行政许可之外，还不断通过自主创设的规范性文件设立名目繁多的新的审批事项，自我赋权，最终导致市场准入的条件实质上由行政部门决定而非由法律决定，严重异化了市场准入法制。另一方面，行政审批作为行政机关以批准方式实施前端控制的手段，其制度功能天然地与市场准入相契合，在我国的计划经济仍向社会主义市场经济体制转轨的特殊时期，它是我国行政部门决定市场主体能否进入市场的最主要管制措施。一定意义上，行政审批成为了市场准入制度的载体，整个市场准入制度便是建立在无数个大大小小的行政审批之上。行政审批的设置是用以解决“市场失灵”，然而实践中却被严重异化和滥用。[①]2003 年《行政许可法》的出台，以及此后国务院不断持续推进的行政审批制度改革，已经极大改变了行政部门滥用权力，扭曲市场配置资源作用的状况。但是，冰冻三尺非一日之寒，在传统体制惯性下这种情况很难短时间内彻底改变。因此，种种绕开法律规定，将一项许可拆分成多项审批，或是以备案之名行审批之实等变相抵制或消极推进行政审批制度改革的做法，也在实践中层出不穷。

必须承认，在多年持之不懈的改革努力之下，前述行政审批和市场准入的问题比之以往有了很大好转。但行政规制部门滥用审批权力，人为在市场准入中收紧对非公有制经济的准入条件，或是对已经进入市场的非公有制企业在具体事项审批中作区别对待，仍然时有发生。而规制部门通过

① 行政审批过度之于市场准入的弊害，在宁波奥克斯起诉信息产业部行政不作为的案件中体现得淋漓尽致。在《行政许可法》颁布实施之后，原信息产业部仍以国务院文件为依据拒绝发给奥克斯手机生产许可批文，并拒绝给予奥克斯的手机产品以电信设备进网许可。信息产业部通过对手机牌照的严格管制，原本希望达成的是在该领域加强管理、促进市场有序竞争的目的，但最终却造成了手机生产领域的垄断，使真正具有效率和创新性的企业难以发挥自身优势在市场竞争中胜出，与其初衷可谓背道而驰。有关该案引发的行政许可与市场准入间的关系，可见周伟：《行政许可：市场准入的新标准——“奥克斯诉信息产业部”案引发的思考》，载《贵州财经学院学报》2006 年第 5 期。

行政规范性文件额外设置法律未要求的市场准入条件，或是在文件中规定立法所禁止的所有制歧视性措施，超越自身权限，架空上位法，也是屡见不鲜的行为，在航空运输业、石油炼化与批发以及钢铁产业，都存在大量的现实例子。①

还必须指出的是，在盐业、烟草等行业实行的专营专卖体制，以及附带产生的“政企不分”现象，会在地方保护主义的驱动下进一步引发市场准入的另一方面问题，即地方行政垄断所制造的市场分割。例如在食盐领域，为了推进盐业体制改革，实现盐业资源有效配置，国务院于 2016 年 4 月印发《盐业体制改革方案》，明确从 2017 年 1 月 1 日起放开所有盐产品价格，取消食盐准运证，允许现有食盐定点生产企业进入流通销售领域，食盐批发企业可以开展跨区域经营。但是，部分地方政府为了保护本地的食盐批发分销企业，利用行政审批、行政处罚及行政强制等各种手段将外地企业及其产品非法排挤出本地市场，打压正常的市场竞争，制造区域性市场准入壁垒。②

综上，我国的市场准入法制建设，随着市场准入制度自身的不断法制化以及国家整体法治水平的提升，比之以往已经有了巨大进步。尤其是近年来推出的一系列改革新举措，如公司注册资本制度改革、商事登记制度改革、行政审批制度改革、负面清单模式以及信用监管体系建设等，更是将我国市场准入法制的水平推向了一个新的高度。但立法与行政执法层面的种种不足，使得行业封锁、市场分割、所有制歧视和不平等竞争等市场壁垒仍存在于市场中，难以根除。在此意义上，我国市场准入法制的完善是一个系统工程，有赖于行政法治、经济法治的协同配合。

---

① 具体可见李翃楠：《我国市场准入制度中的所有制歧视分析》，《当代财经》2016 年第 4 期。
② 详见李栋、夏丹：《食盐争夺战》，《新京报》2017 年 4 月 11 日。

第三节　“一带一路”倡议对中国市场准入法制的挑战

一、“一带一路”合作中的法律风险

在“一带一路”倡议的丰硕成果面前，仍有必要保持足够的清醒。必须看到，“一带一路”沿线国家的多样化、合作领域的广泛性以及国际环境的复杂性，会进一步放大利益、观念和规范对国际合作的影响，从而使我国在“一带一路”建设的过程中面临诸多严峻挑战。在这些挑战中，除了对“一带一路”倡议过度政治化和污名化、某些经济项目运作过于粗放、部分沿线国家安全形势堪忧以及合作意愿不足之外，①法律层面的风险同样不容小视。“一带一路”沿线的几乎涵盖了世界上的所有法系，各国的法治化水平参差不齐，与我国的国际合作法律基础也彼此间有很大差异。例如，这些国家中有 42 个与我国签订了双边投资协定，但多数缔结于 20 世纪 90 年代或更早之前，2000 年之后签订的仅有 7 个。②这些早期的双边投资协定在投资准入的开放程度及投资保护待遇方面均较为落后，其国内对外商投资和贸易管制的法律也不完善。在国内法制环境上，不少国家的法律透明度差，执法和司法的任意性较大，政府腐败也较为严重，因此，与这些国家的国际合作必然会面对众多的不确定性和法律风险。③

据学者梳理，“一带一路”倡议中市场主体在不同国家或地区可能面临的法律风险，包括因直接投资、市场准入、知识产权保护、国际金融交易、劳

---

① 胡宗山、聂锐：《“一带一路”倡议：成就、挑战与未来创新》，《社会主义研究》2019 年第 6 期。

② 刘艳、黄翔：《“一带一路”建设中国家风险的防控——基于国际法的视角》，《国际经济合作》2015 年第 8 期。

③ 石佑启等：《“一带一路”法律保障机制研究》，人民出版社 2016 年版，第 8—9 页。

工问题、环境问题以及经营管理问题产生的法律风险。①在投资领域，进一步又可细分出因社会弹性、政局动荡、对华关系紧张等国家风险引发的法律风险，以及因东道国经济基础恶化、偿债能力下滑等经济风险引发的法律风险。这里的社会弹性，涵盖对东道国环境政策、教育水平、社会安全、宗教文化冲突、国家内部冲突、商业管制、劳动力市场管制等风险评估，具体表现为东道国的市场准入及投资政策等。②不难看出，因投资和市场准入引发的法律风险，是各类法律风险的重中之重，受到高度关注。事实上，市场准入领域常见的种种显性和隐性壁垒，如对外国投资者投资范围和持股比例的限制，不透明的跨国并购审查程序和反垄断审查，苛刻的产品准入标准和通关程序，设定较高的购买或使用特定数额本国产品的措施(即“当地含量要求”)，要求企业雇佣一定比例的当地员工，甚至临时立法等等，在“一带一路”倡议的沿线各国是较为普遍的。在推进“一带一路”倡议国际合作进程中，这些法律风险，尤其是市场准入方面的风险值得引起高度重视。

二、中国市场准入法制面临的挑战

前述“一带一路”倡议国际合作中可能出现的法律风险，需要从国际法层面采取相应的措施予以应对，如签署和更新双边或多边投资协定，建立海外投资贸易咨询、指导、服务机构及相关制度，加强风险评估与预警研究，优化和创新海外投资保险制度，等等。然而，国际法上的种种应对策略与措施，离不开国内法制的健全与完善。类似像双边或多边投资协定这样

① 李玉璧、王兰:《“一带一路”建设中的法律风险识别及应对策略》,《国家行政学院学报》2017年第2期。

② 金仁淑、孙玥:《我国企业对“一带一路”沿线投资面临的法律风险及对策研究》,《国际贸易》2019年第9期。

的国际法制协同，对于扫清因各国法制不统一而产生的法律障碍固然有效，但双边或多边投资协定的水平如何，尤其是在投资准入的开放程度及投资保护待遇方面是否能与国际通行规则接轨，能否满足“一带一路”倡议下贸易畅通和资金融通的需要，实际上取决于各国自身市场准入法制的水平和发达程度。作为“一带一路”的倡议国，中国应着力发展和完善自己的市场准入法制，以开放的心态，秉持共商共建共享的原则，在“一带一路”沿线国家推行一套能够被普遍认可与接受的国际经贸规则。总之，要实现“一带一路”倡议所提出的政策沟通、设施联通、贸易畅通、资金融通和民心相通的目标，中国应作出表率，通过提升国内法治的水平，尤其是市场准入法制的完善，不断扩大对外开放，为沿线各国树立市场开放的标杆，充分发挥与自身经济实力相匹配的制度影响力。

基于以上认识，可以说“一带一路”倡议给中国市场准入法制带来的最大挑战，就是在扩大开放的压力下，我们如何加快自身的市场准入法制建设，改善营商环境，提升国际竞争力，为全面开放新格局的形成奠定坚实基础。对这一问题的回答，固然可以根据市场准入法的制度体系构成，从不同方面作出回答，如区分不同的产业或行业部门，就各个产业或行业的市场准入规制机构、准入条件、准入的具体权利义务和规制程序提出完善建议。也可以从一般角度对市场准入的通用程序，如商事登记程序、负面清单制度进行思考。当然，还可以根据市场准入的不同类别主体，讨论如何破除市场准入法制中的所有制歧视。但是，除了这些从微观层面所作的具体思考之外，市场准入法制的完善还须结合我国的宏观改革背景，与全面深化改革的其他最新改革动向联动协同，才能真正从理念上、根本上推动政府职能转变，攻克市场准入中那些最硬最坚固的堡垒。因此，必须将完善市场准入法制的讨论，置于深化“放管服”改革，优化营商环境的改革大框架中来理解。

三、市场准入法制与优化营商环境

2018年11月，习总书记在首届中国国际进口博览会开幕式的主旨演讲中强调，要“持续放宽市场准入”，“营造国际一流营商环境”。[①]李克强总理在2019年全国深化“放管服”改革优化营商环境电视电话会议上也指出，要把“放管服”改革和优化营商环境作为促进“六稳”的重要举措，打造市场化法治化国际化营商环境，更大激发市场主体活力，增强竞争力，释放国内市场巨大潜力。[②]领导人的讲话不约而同将营商环境作为关键词，反映了党中央、国务院对营商环境的高度重视。之所以要营造国际一流营商环境，是为了有效应对当前不稳定的国际形势和外部压力，推动经济高质量发展，从而形成全面开放的新格局，并维护稳就业、稳金融、稳外贸、稳外资、稳投资、稳预期的“六稳”工作大局。可以说营造国际一流的营商环境，既顺应了经济全球化新趋势和国际形势新变化，也契合国内改革发展的新要求。不仅有利于稳定市场预期、激发市场主体活力，而且有利于吸引外资、提升我国经济国际竞争力。

近年来，我国在优化营商环境方面开展了一系列工作，我国的营商环境不断得到优化，根据世界银行《营商环境报告》(Doing Business)显示，2013年至2018年，我国的营商环境排名前移了50位。2019年的报告中，中国排名从2017年的第78位上升至2018年的第46位。[③]到2019年10月

---

① 习近平:《共建创新包容的开放型世界经济——在首届中国国际进口博览会开幕式上的主旨演讲》,2018年11月5日,上海。

② 《李克强在全国深化“放管服”改革优化营商环境电视电话会议上发表重要讲话》,载中国政府网 http://www.gov.cn/xinwen/2019-06/25/content_5403115.htm，2019年12月30日最后访问。

③ 王昌林、赵栩:《加快营造国际一流的营商环境——关于当前深化“放管服”改革、优化营商环境的一些思考》,《中国行政管理》2019年第7期。

24 日世界银行发布的 2020 年报告，中国营商环境全球排名更是一跃进入前 40 位，升至第 31 位，连续两年入列全球优化营商环境改善幅度最大的十大经济体。①中国的营商环境在短时间内得到如此迅速的改观，与国务院自 2015 年以来提出并大力推进的“放管服”改革密不可分。②李克强总理指出，“放管服”改革实质是政府自我革命，要削手中的权、去部门的利、割自己的肉。用政府减权限权和监管改革，换来市场活力和社会创造力释放。因此，“放管服”改革是处理好政府与市场关系的重大改革之举，是简政放权，转变政府职能的重要手段。通过“放管服”改革，中国整体的营商环境在众多细节指标上均有很大改善。例如，目前在中国办理施工许可证只需耗时 111 天，少于东亚地区平均所需的 132 天。中国企业接电只要两个环节，耗时 32 天，仅为东亚太平洋地区平均值的一半。③

为了将改革成果以法治手段巩固下来，2019 年 10 月 8 日的国务院第 66 次常务会议上通过了《优化营商环境条例》，自 2020 年 1 月 1 日起施行。该条例将近年来各地各部门在优化营商环境方面大量行之有效的政策、经验、做法上升到行政法规的层面，使其进一步系统化、规范化，增强了权威性、时效性和法律约束力。条例从制度层面为优化营商环境，保护各类市场主体投资兴业提供了更加有力的保障和支撑，是深化改革开放、促进公平竞争、增强市场活力和经济内生动力、推动高质量发展的重要举措。特别值得一提的是，该条例第二十条明确规定：“国家持续放宽市场准入，并实行全国统一的市场准入负面清单制度。市场准入负面清单以外的领域，

---

① 王俊岭：《中国营商环境越来越好》，《人民日报海外版》2019 年 10 月 25 日。

② 《李克强在全国推进简政放权放管结合职能转变工作电视电话会议上的讲话》，载中国政府网 http://www.gov.cn/guowuyuan/2015-05/15/content_2862198.htm，2019 年 12 月 30 日最后访问。

③ 郑建成等：《中国市场准入环境与贸易投资新政：基于若干行业的实证研究》，对外经济贸易大学出版社 2015 年版，第 45 页。

各类市场主体均可以依法平等进入。”同时在二十条第二款进一步作出了禁止性规定，不允许各地区、各部门另行制定市场准入性质的负面清单。此外，条例第六十四条还规定：“没有法律、法规或者国务院决定和命令依据的，行政规范性文件不得减损市场主体合法权益或者增加其义务，不得设置市场准入和退出条件，不得干预市场主体正常生产经营活动。”毫不夸张地说，这部新近颁布的《优化营商环境条例》，对健全与完善中国市场准入法制具有极为重要的意义。对我国市场准入法制中存在的一些痼疾，如所有制歧视，涉企经营许可设置过多，滥用行政权力排除或限制竞争等问题，条例都作出了正面回应。通过强调对各类市场主体的平等保护，破除市场准入和市场退出障碍，包括在条例的法治保障部分，明确规定对制定或者实施政策措施不依法平等对待各类市场主体的政府和有关部门及其工作人员依法依规追究责任，都体现了国家对加强市场主体平等保护、营造良好市场环境的决心。以条例的出台为新起点，深化“放管服”改革，进一步放宽市场准入，坚持市场化、法治化、国际化原则打造国际一流营商环境，中国的市场准入法制必定会迈上一个新的台阶。随着与国际通行规则相衔接的市场准入与投资贸易制度体系的建立，中国形成全面开放的新格局并引领“一带一路”沿线各国达成更紧密的经贸合作关系，便具备了坚实的制度基础。

第三章
民间资本的市场准入法制

改革开放以来，随着我国国民经济的飞速发展，居民收入不断提升，私营经济也迎来了发展的黄金期。随着投资保值意识的觉醒，数以万亿计的民间资本亟待寻找新的投资领域。近年来我国虽然逐渐放开了民间资本的市场准入，民间资本的投资环境得到很大改善，但是在体制惯性的束缚下，民间资本仍然面临着“天花板”和“玻璃门”，难有实质性突破。我国加入世界贸易组织之后，根据入世承诺很多重要的经济领域不得不对外资开放。原本在我国经济中占据主导地位的国有资本在经历资产重组之后，也逐步退出了不少领域。这种情况下，如果依旧将民间资本拒于本应放开且迟早要对外国资本放开的领域之外，显然不能让人信服。继续扩大民间资本的市场准入，充分发挥民间资本对我国经济发展的作用，是维护经济安全，促进经济发展的当务之急，是保证中国经济健康、持续、稳定发展的正确选择。当下破解民间资本市场准入难题的关键，在于运用法制手段保障民间资本准入渠道的畅通，保障民间资本在投资领域应有的地位。

第一节　民间资本市场准入存在的主要问题

一、改善民间资本市场准入环境的政策努力

自进入21世纪以来，我国不断出台新政策放宽民间资本的投资领域，减少民间资本的行政限制，给予其平等的投资地位，优化民间资本进入更多投资领域的政治环境和市场环境。2002年11月，江泽民总书记在党的十六大报告中明确提出：“放宽国内民间资本的市场准入领域，在投融资、税收、土地使用和对外贸易等方面采取措施，实现公平竞争。”此后为了更好地促进民间资本的发展，国务院在2005年、2010年和2014年陆续出台了“非公经济36条”“民间投资新36条”“鼓励社会投资39条”，[①]各地方、各有关部门积极行动，出台了一大批配套政策措施。国家发展改革委员会还会同有关方面大力推广政府与社会资本合作模式，着力推进简政放权的放管服改革等，为调动民间投资积极性作出了积极努力。

2016年5月5日，为了落实国务院常务会议上李克强总理提出的进一步放宽市场准入，打造公平营商环境的要求，国家发展改革委员会与全国工商联联合召开了促进民间投资座谈会，进一步明确要促进民间资本在我国经济发展中的重要作用。会议提出：第一，进一步放宽民间资本市场准入，凡是法律法规未明确禁入的行业和领域都应该鼓励民间资本进入，凡是我国政府已向外资开放或承诺开放的领域都应该向国内民间资本开放；第二，加强和改善政府服务，围绕构建新型政商关系、主动服务民间投资，削减行政审批事项，推行并联审批，缩短投资核准报建周期，推动民间投资

① 国务院：《关于创新重点领域投融资机制鼓励社会投资的指导意见》，国发〔2014〕60号，2014年11月26日。

项目尽早落地；第三，营造公平竞争的投资环境。围绕鼓励平等竞争，解决部分政策执行中存在的“贴标签”现象，保障民营企业发展权利平等、机会平等、规则平等；第四，发挥政府投资的引导带动作用。优化政府投资范围、方向和结构，通过投资补助、基金注资、担保补贴、贷款贴息等方式，发挥引导和放大效应；第五，加大民间投资的融资支持。规范银行涉企收费，加强多层次资本市场对民营企业股权和债权融资支持，发挥政策性金融作用，拓宽企业融资渠道，降低企业融资成本；第六，大力推广 PPP 模式。推动加快特许经营法等立法进程，加强制度法规创新供给。通过完善价格政策、挖掘项目商业价值等手段，构建合理有效的投资回报机制；第七，加强服务规范管理。进一步取消、下放企业投资项目核准权限，落实企业投资自主权。鼓励和规范民营企业完善企业经营管理制度，增强企业内在活力和创造力。①

同样是为了贯彻前述国务院常务会议的精神，2016 年 7 月，国务院办公厅下发《关于进一步做好民间投资有关工作的通知》（国办发明电〔2016〕12 号）。在该通知中，国务院办公厅要求各省级人民政府、各有关部门应对照国家政策要求，坚持一视同仁，抓紧建立市场准入负面清单制度，进一步放开民用机场、基础电信运营、油气勘探开发等领域准入，在基础设施和公用事业等重点领域去除各类显性或隐性门槛，在医疗、养老、教育等民生领域出台有效举措，促进公平竞争。2017 年 3 月，国务院办公厅针对社会领域投资的放宽准入不彻底、扶持政策不到位、监管体系不健全等问题，又发布了《关于进一步激发社会领域投资活力的意见》（国办发〔2017〕21 号），要求国务院各部委、直属机构分工负责，制定社会力量进入医疗、养老、教育、

① 《国家发展改革委、全国工商联联合召开促进民间投资座谈会》，载国家发展改革委员会新闻中心 http://xwzx.ndrc.gov.cn/xwfb/201605/t20160506_800934.html，2019 年 12 月 30 日。

文化、体育等领域的具体方案，明确工作目标和评估办法，鼓励社会力量提供新增服务和产品。在这些政策措施的推动下，基础电信、油气勘探开发、国防科技等限制性领域的市场准入门槛持续降低，制约民间资本进入战略性新兴产业的资金瓶颈也在逐渐缓解，应当说政府的一系列举措为民间资本进入更多的投资领域起到了极大的推动作用。据统计，2014 年至 2016 年间，我国的民间投资增速呈现出较为明显的回落趋势，如 2014 年增长 18.1%，2015 年增长 10.1%，2016 年回落幅度更为明显，1—8 月份增速仅为 2.1%，达到谷底。但是在前述政策的作用下，2017 年以来民间投资开始增速回升，1—2 月份增长 6.7%。2017 年的一季度民间投资 57 313 亿元，比去年同期增长 7.7%，增速比 1—2 月份提高 1 个百分点，比 2016 年同期提高 2 个百分点。①

民营经济作为我国公有制为主体多种所有制经济共同发展的重要组成部分，其地位在我国宪法中得到了充分确认。改革开放以来，民营经济对于推动发展、促进创新、增加就业、改善民生和扩大开放等方面发挥了不可替代的作用，党中央、国务院对于民营经济的发展也倾注了极大的关心。为了充分发挥民营经济在推进供给侧结构性改革、推动高质量发展、建设现代化经济体系中的重要作用，党中央、国务院于 2019 年 12 月 22 日颁布《关于营造更好发展环境支持民营企业改革发展的意见》。该意见不仅明确了支持民营企业改革发展的指导思想和基本原则，还就优化公平竞争的市场环境、完善精准有效的政策环境、健全平等保护的法治环境、鼓励引导民营企业改革创新、促进民营企业规范健康发展、构建亲清政商关系以及组织保障工作进行了细致规定。该意见对涉及市场准入的相关职能部门

---

① 赵培亚:《一季度全国固定资产投资增长稳步回升》，载新华网 http://www.xinhuanet.com/fortune/2017-04/20/c_129555612.htm，2019 年 12 月 30 日最后访问。

提出了研究制定民营企业分行业、分领域、分业务市场准入具体路径和办法的具体要求，并明确职能部门应制订路线图和时间表，从而使得文件的可操作性与可执行性得以大大加强。

除了中央层面连续不断推出的政策外，各省也纷纷发布本地支持民营经济发展的相关文件，为优化营商环境，破解制约民营经济发展的突出困难与问题规定了相应的具体措施。例如，2018 年 7 月河南省人民政府办公厅发布《关于优化营商环境激发民间有效投资活力的实施意见》（豫政办〔2018〕43 号），从营造公平公正的准入环境、便捷高效的审批环境、灵活多元的融资环境、宽松有序的经营环境、开放包容的创新环境和稳定透明的政务环境六个方面出发，提出了一系列具体举措，并针对每条措施落实了相应的责任单位。此后的 2018 年 11 月，多个省份密集出台促进、支持民营企业发展的文件。山东省人民政府发布《关于支持民营经济高质量发展的若干意见》（鲁政发〔2018〕26 号），从减轻税费负担、解决融资难融资贵、营造公平竞争环境、全面优化政务服务、维护民营企业合法权益及发挥政策效应六个方面，提出了 35 条具体举措。浙江省市场监管局则围绕市场准入、质量提高、品牌扶持、融资帮扶、产权保护、信用培育等多个方面，推出服务民营经济高质量发展的 20 项举措。[①]四川省委、省政府出台《关于促进民营经济健康发展的意见》（川委发〔2018〕30 号），主要围绕激发民间投资活力、降低民营企业经营成本、缓解民营企业融资难融资贵、提升民营企业竞争实力、加强民营企业合法权益保护、加强组织保障等六个方面，提出了 20 条政策措施。在这些文件中，无一例外都将放宽民营企业的市场准入，打造公平竞争的市场环境作为激发民营经济活力和促进发展的重要

① 黄莹：《省市场监管局发布 20 项举措服务民营经济高质量发展》，《浙江日报》2018 年 11 月 15 日。

内容。

二、扩大民间资本市场准入依旧存在的障碍

尽管民间资本在国家的大力鼓励与推动下取得了长足发展,但是因为历史和体制大环境的影响,要真正落实中央文件的精神,把进一步扩大民间资本市场准入的相关规定切实执行下去,依旧存在着一些障碍。一般认为,扩大民间资本的市场准入包括三个方面的内容:一是放开投资领域,让民间资本参与到诸如电力、石油石化、铁路、民航、金融、电信等原本不对民间资本开放的领域,打开民间资本准入的“铁门”;二是降低民间资本的市场准入条件,主要是减少行政机关对民间资本市场准入的行政审批,减少不必要的行政许可,提高民间资本的市场准入效率,打破民间资本准入的“玻璃门”;三是消除歧视,给予民间资本与国有资本、外国资本平等的融资政策、产业政策、优惠政策和配套服务,让各方在平等的基础上公平竞争,消除阻碍民间资本准入的“弹簧门”。值得注意的是,在我国改革开放程度越来越高的今天,特别是在“一带一路”倡议下,外国资本将越来越多地进入和冲击我国市场,扩大民间资本的市场准入是维护我国经济安全的当务之急。因此,有必要从理论与实践层面,对民间资本市场准入仍然存在的种种障碍作深入细致的总结与剖析。

(一) 文件的原则性表述导致民间资本市场准入范围不清

尽管国家日益重视扩大民间资本的市场准入,国务院和地方政府也相继发布多份文件要求,凡是法律法规未明确禁入的行业和领域都应该鼓励民间资本进入。这种“法不禁止即自由”看似宽松的准入方式,似乎给予了民间资本极大的准入空间,但是在实际操作中却并非如此。民间资本究竟可以进入哪些行业,没有一个切实可行、明确合理的目录清单,缺乏明确的

准入范围，导致众多领域看似对民间资本开放，但实际上都处于封闭状态。这种情况下民间资本准入的“铁门”，并没有完全被打破。正是因为民间资本准入的实际范围不清晰，导致很多领域在源头上就阻断了民间资本准入的可能。

“民间投资新36条”“鼓励社会投资39条”等国务院文件，尽管在内容上比之以往有了进步，明确列举了鼓励和支持民间资本进入的具体领域，如基础设施建设、公用事业、金融服务、国防科技工业等，但是就条文本身来看还是一种高度概括与笼统式的原则性表达，仍然缺乏实际可操作性，难以为民间资本进入这些领域提供强有力的支持。比如“民间投资新36条”第二十条规定：“鼓励民间资本进入国防科技工业投资建设领域。引导和支持民营企业有序参与军工企业的改组改制，鼓励民营企业参与军民两用高技术开发和产业化，允许民营企业按有关规定参与承担军工生产和科研任务。”据此，民间资本可以进入国防科技工业领域，但是究竟可以进入哪些实际项目中去，依旧是一个需要明确的问题。是否所有的军工企业改制民间资本均可以参与？民间资本是否可以独立从事军工业？这些问题都难以从上述规定中得出答案。国防军事工业由于关系着国家安全，其重要程度可见一斑。如果没有一个明确的准入名单目录告知民间资本可以进入，那么民间资本本身是否敢贸然进入涉及国家安全的国防工业暂且不论，国家有关机关在审批时自然会严格限制民间资本的市场准入，极有可能以涉及国家安全为由不予许可。

（二）行政机关强势地位严重阻碍民间资本的市场准入

受传统计划经济体制的影响，我国政府一直以来在经济活动中扮演着重要角色，处于强势地位。尽管改革开放以来，我国的行政管理体制改革始终将简政放权和转变政府职能作为改革的核心内容，但是在大政府的体制之下，行政权的强势难以在短期内逆转。习惯于在行政管理中通过管理与命令模式执法的行政机关，要转变为服务与合作、信任与沟通的现代化行政法治模式，①尚需时日。在市场准入法领域，行政机关的权力强势客观上对民间资本的市场准入造成了严重影响，它不单单表现在行政机关作为政府监管者角色，依靠其事前审批和许可手段限制民间资本的准入，同时还表现在政府与民间资本合作中的地位不平等，利用行政力量剥夺民间资本的利润空间等。

1. 烦琐严格的行政审批限制了民间资本的市场准入

扩大民间资本市场准入的关键在于放开行业限制，允许民间资本进入更多的市场领域。但是，在实际的市场活动中，民间资本的准入环境同样重要。在影响民间资本准入环境的众多因素中，政府的行政审批程序和行政许可的难易程度是其中的重点。如果说“非禁即准入”的改革举措已经撬动了民间资本市场准入的“铁门”，那么烦琐而又复杂的层层审批和行政许可无疑又为民间资本的市场准入设置了一扇坚硬的“玻璃门”，使民间资本始终与市场和行业看得见摸不着。

对于行政审批制度改革，国务院从完善社会主义市场经济体制，建设法治政府及提升行政效能的高度给予了充分重视。自 2002 年 11 月国务院发布《关于取消第一批行政审批项目的决定》(国发〔2002〕24 号)以来至 2012 年 9 月，国务院分六批共取消和调整了 2 497 项行政审批项目，占原有行政审批总数的 69.3%。同一时期，31 个省(区、市)本级共取消调整了 3.7 万余项行政审批项目，占原有总数的 68.2%。②此后，行政审批制度改革进

① 有关服务与合作、信任与沟通的现代行政法治的人文精神，详见叶必丰：《行政法的人文精神》，湖北人民出版社 1999 年版，第 170 页以下。

② 《国务院 10 年来共取消调整 2 497 项行政审批项目》，载中国政府网 http://www.gov.cn/jrzg/2013-06/25/content_2434025.htm，2019 年 12 月 20 日最后访问。

一步加速，国务院除了继续取消和下放其部门行政审批事项外，还彻底终结了非行政许可审批，[①]取消中央指定地方实施的行政审批事项，清理和规范行政审批的中介服务事项。除了这些针对“审批多”的改革举措外，针对“审批难”的问题，从中央到地方也采取了一系列措施，如编制服务指南、审查工作细则，实行受理单制度和办理事项承诺制，启用政务服务大厅，“一颗图章管审批”，等等，[②]可谓成绩丰硕。然而，与令人振奋的数字相比，人们对行政审批制度改革的实际感觉却很不一样。“公章过多”“费时费力”等现象和问题仍然困扰着广大公民和企业组织，行政审批制度仍然和经济社会的发展需要不甚吻合。在市场准入领域同样如此。政府审批并未实质性减少，而是以核准、备案或登记的名义改头换面；行政许可门槛依旧居高不下，许可的条件设置缺乏合理性；相比于“公有制偏好”下的国有资本和外资优惠，民间资本的优惠最少，在获取行政许可时往往要付出更高的成本和更多的时间。尤其是行政机关难以约束的自由裁量权和过于烦琐的事前审批程序，成为民间资本进入市场的拦路虎和玻璃门，最终使许多民间资本畏而止步，实质性阻碍了民间资本的市场准入。

2. 民间资本与政府合作中的不平等地位阻碍民间资本的市场准入

当前民间资本市场准入的另一个重要渠道是政府与社会资本合作模式(Public-Private-Partership, PPP)。所谓的政府与社会资本合作，是指在基础设施建设等方面，政府与社会资本以签订合作协议的形式确定的一种提供公共服务产品的共同投资、共担风险、共享收益的合作关系。[③]自

---

① 关于行政审批、行政许可和《行政许可法》生效后产生的“非行政许可审批”的概念，以及概念的来龙去脉和相互关系，详见应松年：《行政审批制度改革：反思与创新》，《人民论坛·学术前沿》2012 年第 3 期。

② 《行政审批制度改革进展综述》，载中国政府网 http://www.gov.cn/xinwen/2016-03/15/content_5053786.htm，2019 年 12 月 20 日最后访问。

③ 刘薇：《PPP 模式理论阐释及其现实例证》，《改革》2015 年第 1 期。

2013年以来,我国出台了大量政策指导和推动该模式的发展。政府与民间资本合作,不仅可以减轻政府的财政压力,也为民间资本进入基础设施、医疗、养老等领域提供了便利渠道。该模式本意上是扩大民间资本市场准入的良好举措,也在实践中取得了很好的效果。但是在该模式下,民间资本虽然进入了基础设施等领域,却经常因为政府的强势地位而出现合作无法继续进行。最常见的情形之一,便是民间资本到收取回报阶段时,某些地方政府便违反自身承诺。例如,有研究曾描述过某民营企业在某市投资后遇到的一系列奇事,如合同违约,随意取消公司根据合同约定享有的某路段的终身命名权;公司缴付土地出让金后不能办理土地证,一段时间后该市政府宣布“依法”收回土地并且不退款。最为离谱的是,该市政府通过公告明确指定该公司为全市唯一的管道燃气经营实施单位,公司也付出了极大努力使该市跻身国家西气东输首批开通城市,此后该市政府却突然宣布另外成立国资天然气公司,全面承办该市的天然气利用业务。①

市场经济中的合作双方如果是平等的民事主体,一方违约失信应当承担相应的赔偿责任。但是在政府与社会资本的合作中,政府作为公权力的代表与社会资本缔结的特许经营协议,在属性上一般认为系行政合同,与普通的民事合同存有相当之差异。在这类行政合同中,为了保护公共利益,一般会赋予政府一方以特别的行政优益权,在合同履行时可以单方监督合同的履行,甚至有单方变更和解除合同的权利。②然而在实践中,某些地方政府假借公共利益之名滥用行政优益权,肆意违约却不承担任何责任。这种中止合作行为,叠加上地方政府自身的权力优势,很大程度上影响了民间资本对政府的信任,最终导致即便大门对民间资本敞开,民间资

① 详见兰士勇:《扩大民间资本市场准入研究》,《中国工商管理》2004年第1期。
② 叶必丰主编:《行政法与行政诉讼法》(第五版),中国人民大学出版社2019年版,第152页以下。

本也不敢随意进入的结果。

(三) 民间资本地位不平等成为阻碍民间资本准入的“弹簧门”

在“一带一路”倡议下，我国不仅仅大力鼓励本国资本走出去，同样也加大了改革开放的程度，鼓励更多的国外资本进入我国。在打开资本准入的“铁门”之后，民间资本要与国有资本与外国资本进行竞争，如果是平等地位的竞争，自然不是问题。但是就目前的情况来看，民间资本的地位不仅低于国有资本，甚至与外国资本相比都处于不平等的地位。例如，2017年1月，国务院发布了《关于扩大对外开放积极利用外资若干措施的通知》(国发〔2017〕5号)，同年8月又发布了《关于促进外资增长若干措施的通知》(国发〔2017〕39号)，明确要求进一步扩大外资的市场准入。5号文更是明确规定允许地方政府在法定权限范围内制定出台招商引资优惠政策，支持对就业、经济发展、技术创新贡献大的项目，降低企业投资和运营成本。据不完全统计，先后有22个省、市级地方政府围绕5号文、39号文出台了地方性优惠政策，还有一些城市制定了相关工作举措。①如武汉市便在《武汉东湖新技术开发区关于促进外资企业投资发展的若干政策》的实施细则中规定，光谷新落户企业外资实际到资达到500万美元的，给予最高2 000万元奖励；外资企业固定资产实际投入达到500万美元的，给予最高3 500万元奖励。在税收方面，尽管《外商投资企业和外国企业所得税法》已经于2008年废止，外商投资企业的税收优惠政策已经失去了法律依据，但是2018年1月国家税务总局为贯彻前述39号文而发布的《关于境外投资者以分配利润直接投资暂不征收预提所得税政策有关执行问题的公告》，对外资企业来说仍是一个极大的税收优惠。总体而言，各个地

---

① 范晓宇:《全国主要城市外资优惠政策措施的调研及思考》,《改革开放》2018年第11期。

方政府为了发展经济，吸引外资，均针对外商投资制定了众多的优惠政策。

除了优惠政策上的不平等之外，民间资本在实际的经济活动中所享受到的金融服务与产业服务，同样无法与国有资本和外资相提并论。在市场经济活动中，任何企业的生存与发展都离不开金融支持。在经济飞速发展的今天，无论是传统制造业还是大型基础设施建设都是一个持续的过程，不单单是在进入之前需要大量的资金，其后期的运营更是离不开资金支持。无论是民间资本还是国有资本或者外国资本，都不可能时刻拥有足够多的现金流，也都离不开银行的贷款支持。但是，民间资本在申请银行贷款与国有资本申请银行贷款的难易程度有所区别。尽管我国 2002 年便已出台了《中小企业促进法》，明确要求银行对于由民间资本主导的中小企业提供贷款支持，但是很多银行在实际的操作中却一直处于保守态势。银行对于民间资本的贷款申请要求更为严格，担保条件更为苛刻，甚至直接拒绝贷款支持，宁愿放贷给条件不如民间资本的国有企业。这迫使民间资本或是依靠自身的积累和发展获取资金，或是转而寻求民间融资的渠道。然而，即便是正常的民间借贷利率也远远高于银行贷款，大大增加了民间资本的资金成本。更不用说这种民间融资手段还存在较大的法律风险，在政府严格控制金融风险，维护金融安全的大环境下，民间融资一不小心便会触犯非法集资等刑法上的相关罪名，这无疑是对民间资本市场准入的又一个隐性障碍。

总体来说，民间资本所遭遇的差别对待，毫无疑问会增加民间资本的经济成本，降低其竞争力，随之而来的就是比同行业的国有资本与外国资本效率更低，所创造的利润更少，慢慢就会因这种不平等的地位而被排挤出相应的领域，也使市场准入领域其他的改革举措失去意义和效用。

第二节　放宽民间资本市场准入的原则与实施路径

民间资本在社会主义市场经济建设中的重要作用已经无须赘述。在全国不断深化“放管服”改革，转变政府职能的大背景下，持续扩大民间资本的市场准入急需要改变原有的“公有制偏好”理念，消除民间资本与公有资本、外国资本之间的不平等，实行统一的市场准入，为民间资本的准入创造平等的机会。为民间资本创造平等投资的机会，增加民间资本在与公有、外国资本竞争时的竞争力，加快政府职能转变，为民间资本在市场准入后提供良好的服务，是扩大民间资本市场准入的重要原则和指导思想。当然，在民间资本飞速发展的过程中，我们依旧要对民间资本的市场准入给予适当的监管，特别是在很多高风险领域，应当保证民间资本在特殊行业的准入中满足行业的基本要求，不能毫无控制地为民间资本“一路绿灯”。总体而言，我们应当在平等竞争的环境下，通过积极探索，不断放开对民间资本的政府管制，通过各种渠道积极地拓展民间资本市场准入路径；同时加强对民间资本准入中、准入后的政府服务力度，保证民间资本在更多的行业领域内积极健康地发展，更好地为社会主义市场经济发展提供源动力。

一、放宽民间资本市场准入的基本原则

扩大民间资本的市场准入，是社会主义市场经济体制改革的重要一步，是推动我国经济进一步发展的重要举措，同时也是一个循序渐进的过程。扩大民间资本的市场准入不是一句简单的口号，是结合政府、市场和民间资本三者间的关系进行不断探索的过程。在这个过程中，我们必须把

握住扩大民间资本市场准入这一基本导向，但同时要时刻警惕国家经济安全。找准扩大民间资本市场准入的基本原则，是指导民间资本健康发展，扩大民间资本市场准入的首要任务。

党在十六大报告中已明确指出：“发展必须坚持和深化改革。一切妨碍发展的思想观念都要坚决冲破，束缚发展的做法和规定都要坚决改变，影响发展的体制弊端都要坚决革除。”这就要求我们在探索扩大民间资本市场准入的过程中，不断摒弃由长期计划经济体制带来的落后观念，解放思想。因此，在推动扩大民间资本市场准入的工作中，我们需要改革、创新并打破旧的体制与观念，不断开拓新方式新手段。除关系国民经济命脉等国家明确禁止民间资本进入的重要行业和关键领域之外，所有行业和领域都要对民间资本放开，让民间资本对其投资或进行控股经营。同时，现阶段国家允许外国资本进入的行业和领域，应该允许国内民间资本先行进入。为了国家经济安全与健康，对于国内民间资本的开放程度可以适当高于对外国资本的开放程度。凡非公有制企业投资的，前置许可审批至少与国有企业的审批程序相同，不能为民间资本设置更多的障碍。

党中央、国务院于 2019 年 12 月 22 日颁布的《关于营造更好发展环境支持民营企业改革发展的意见》中，对支持民营企业发展规定了基本原则。要求坚持公平竞争，通过市场竞争实现企业优胜劣汰和资源优化配置，支持、鼓励和引导民营企业加快转型升级，加强法治保障。基于该文件的精神和市场准入法制的原则要求，扩大民间资本的市场准入应当遵循的基本原则应当包括如下三方面的内容。

（一）公平待遇原则

公平待遇原则，就是要将民间资本与外国资本、国有资本放于平等地位，消除所有制歧视问题。受传统计划经济体制的影响，各个部门对于民间资本的准入总是设置各种障碍，为民间资本的准入设置烦琐严格的行政审批程序。

李克强总理在2016年5月4日的国务院常务会议上曾这样形容民间资本市场准入所面临的不公平地位，“说实话，一些民营企业现在面临的问题，不是‘玻璃门’‘弹簧门’‘旋转门’，而是‘没门’！不知道‘门’在哪儿！”“……地方政府当前对民营企业有‘三不’：不听电话、不接材料、不予办事”。[①]这非常形象地指出了很多政府部门对待民间资本的态度，可见政府对民间资本的准入限制及其所提供的服务不足的现状依旧是一个很突出的问题。所有制关系上的不平等或者差别对待，不仅与当今世界经济全球化背景下世界经济贸易领域中的自由、平等原则格格不入，也与我国市场经济发展的趋势不符。在世界贸易组织框架下，各种经济主体，无论国有资本与非国有资本均一律平等，一律以平等的身份与资格参与交易和市场竞争，不允许有国别歧视，更不能允许有所有制偏好或歧视。同样地，在我国的经济发展过程中也应该创造各种所有制主体公平竞争的市场环境。

公平的竞争环境要求政府应该给予民间资本与公有资本、外国资本在市场准入中具有平等的地位。首先在不涉及国家经济命脉的行业应允许民间资本准入，让民间资本更多地参与到国民经济的发展之中，不能让国有资本和外国资本垄断这些行业，这是公平原则的第一要义。其次，在准入的程序上，应该给予不同的资本类型以公平的待遇。尽管我国政府的行政体制改革和服务型政府建设已经取得了很大的成果，但是行政力量依旧渗透于经济生活的各个方面，建设公平的投资环境，政府在面对不同的资本类型进入相同的行业时必须给予其相同的待遇，不能因为是国有资本就

① 王石川：《有感于总理称“一些民营企业不知道门在哪里”》，《北京青年报》2016年5月9日。

放松审查,降低标准,更不能因为是民间资本就为其设置不必要的障碍,阻碍民间资本的市场准入。再者,民间资本应该与公有资本和外国资本在国家政策优惠上享有相同的地位。国家对于国有资本的优惠待遇或许我们很难感知,但是改革开放之初,为了吸引外国资本进入我国市场,给予了其很大的政策性优惠,在税收、政府补贴等方面的优惠吸引了很多的外资。不否认在特定历史时期,这些优惠政策对于推动我国经济建设产生了重大作用。但是在我国市场经济不断发展的今天,应该重新审视这些特殊优惠政策的必要性。这里并不是要限制外国资本进入我国,这与公平之本意也不相符,而是希望政府的优惠性政策不再单独向某一种资本类型倾斜,而是应重视民间资本的作用,给予民间资本相同的政策性优惠。

（二）资源配置效率原则

资源配置,是指将资源在不同用途或不同使用者之间进行分配。资源配置的前提是资源的稀缺性,资源配置的任务就是在资源的多种用途中选择最有效的用途。配置资源的机制有两种基本形式,即市场机制和计划机制。市场机制是通过价格信号来配置资源的,在价格信号的指导下,通过供求调节和利益诱导,来决定资源的流向和流量。计划机制是通过行政指令来分配资源。通过对现有资源的最优配置而取得的最大效益就是资源最优配置效率。资源最优配置效率要求以一定量资源的投入获得最大的效益。

新中国成立之初的计划经济体制决定了我国资源配置基本上是通过行政指令的方式进行的。这种资源配置手段对于建国初期大型经济项目的建设起到了很大的促进作用,为巩固新中国的政权作出了重大贡献,但是实践证明随着经济的发展,政府主导的资源配置方式已经难以为继。我国有限的国有资本几乎遍及所有的国民经济领域,甚至在许多行业仍然是

“一统天下”。这样，一方面是国有经济要一只手同时抓住上百只跳蚤而力不从心，另一方面却是民间资本进入不足，多种经济成分不能平等参与市场竞争。国有经济只有逐步从不甚关键的领域和竞争力弱的行业退出来，让更多的民间资本进去发挥作用，才能使之具有控制国民经济命脉的能力，才能实现国有经济和非公有制经济的优势互补。

改革开放以来，随着社会主义市场经济体制的确立，发挥市场配置资源的决定性作用已经成为普遍共识。在市场经济体制改革不断深入的今天，应该更多地发挥市场对于资源配置的作用，在价格信号的指导下，通过供求调节和利益诱导来决定资源的流向和流量。因此，政府在扩大民间资本市场准入的努力上，对于哪些领域应当允许民间资本进入，哪些不允许民间资本的进入，也应当遵循“效率优先，兼顾公平”的原则，通过市场调节手段进一步放松行政力量对于民间资本市场准入的限制，这样才能实现人尽其才，物尽其用，促进资源的合理配置，推动我国市场经济的发展与进步。

（三）国家经济安全原则

经济发展固然重要，但是国家经济安全更是重中之重。对于很多关乎国家经济命脉的行业来说，国有资本占据主导甚至是垄断地位依然有其现实必要性。在强调扩大民间资本市场准入的同时，不能以国家经济安全隐患为代价，强行过度扩大民间资本的市场准入。在民间资本力量还不完善的前提下，给予其一定的限制是必要的。

但是，对于这些涉及国家经济安全的自然垄断行业和行政垄断行业，可以考虑在不侵害国家安全和经济安全的条件下，让民间资本进行有限的参与。这种参与不是要动摇国有资本的地位，冲击国家对于经济命脉的把控，而是要为国有资本在这些行业的发展中扮演辅助者的角色。改善这些行业的资本结构和法人治理结构,从而提高经济效率。以军工行业为例,很多发达国家的军工行业都向民间资本全面放开,这些国家所拥有的许多先进武器也不全是由国家主导研制。民间资本的广泛深度参与军工产业,不仅没有危害国家安全,还增强了国家的国防实力。一方面,我国近年来也迈出了鼓励民间资本参与军工行业的步伐,“民间投资新 36 条”中,第二十条便专门针对此问题,鼓励民间资本进入国防科技工业投资建设领域,要求引导和支持民营企业有序参与军工企业的改组改制,鼓励民营企业参与军民两用高技术开发和产业化,允许民营企业按有关规定参与承担军工生产和科研任务。另一方面,国家也应该把限制或排除民间资本进入的关键行业领域的范围缩小到最低程度,对确需保障国家和经济安全而排除民间资本进入的行业,应当作出详细的必要性说明。允许民间资本进入但实施严格限制条件的,也应当在充分研究民间资本进入后的风险评估基础上,作出具体说明并提出逐步放开的时间表和路线图,从而充分发挥民间资本与国有资本之间的合作作用,共同为国家经济的发展提供助力。

二、放宽民间资本市场准入的实施路径

放宽民间资本的市场准入,关键在于深化“放管服”改革,打造和优化公平竞争的市场环境。针对当前我国民间资本市场准入仍然存在的种种体制机制障碍,有必要在前述公平待遇原则、资源配置效率原则以及国家经济安全原则的指导下,确立进一步扩大民间资本市场准入的实施路径,进而提出相应的具体改革举措与保障措施。

(一) 突破传统国有经济理论束缚

由于对公有制经济基础的错误认识,以及计划经济时代的观念遗存所产生的“公有制偏好论”,是实践中市场准入领域出现所有制歧视现象的思

想基础。如果不从理论上作彻底的澄清，从根本上批判和推翻这些错误观念，各种放宽民间资本市场准入的改革措施便会成为“无源之水”，难以得到坚决执行。

对“公有制偏好论”的批判，首先应当从正确认识与理解宪法所规定的社会主义经济制度开始。我国现行宪法对国家基本经济制度的规定是：社会主义公有制是国家经济制度的基础；在社会主义初级阶段，实行公有制为主体、多种所有制经济共同发展的基本经济制度；实行社会主义市场经济体制。这其中，如何正确理解公有制的主体地位尤为关键。以公有制为主体，意味着公有资产在社会总资产中占优势，国有经济控制国民经济命脉，对经济发展起主导作用。但是，这种主体地位并不代表着公有制就能压倒其他所有制形式，具有优先的法律地位或是在市场交易中应得到优先保护。社会主义现代化建设应将公有制为主体和促进非公有制经济发展统一在一起，坚持平等保护物权，形成各种所有制经济平等竞争、相互促进、共同发展的新格局。①特别要提出的是，我国《宪法》第十五条第一款明确规定了国家实行社会主义市场经济。市场经济要求以市场作为资源配置的主要方式，要求各经济主体地位平等和意志自由，这种平等和自由必须依靠法律，特别是宪法予以确认和保障，因此它必然是一种法治经济。②基于市场经济的宪法属性及宪法中“市场经济”条款的规范功能，则必然可以得出如下结论，即所有市场经济主体的法律地位是平等的，没有高低之分，特别是非公有制经济在市场经济体制中自然具有平等地位。③

基于以上认识，可以毫不迟疑地指出，以公有制为主体，发挥国有经济

① 《宪法学》编写组：《宪法学》，高等教育出版社、人民出版社2011年版，第141页。
② 王士如：《宪法在市场经济中的发展》，《上海财经大学学报》2001年第4期。
③ 韩大元：《中国宪法上“社会主义市场经济”的规范结构》，《中国法学》2019年第2期。

主导作用的社会主义经济制度，绝对不能等同于“公有制优先”，“公有制偏好论”欠缺基本的宪法规范依据，与市场经济发展是格格不入的，也与改革开放以来党和国家发布的历次重要文件精神有根本的冲突。在市场准入法制建设过程中，应当始终坚持公平待遇原则，运用法治手段保障民间资本平等使用资源要素，公开、公平、公正地参与竞争，并受到法律的同等保护。

（二）实施内外资统一的市场准入负面清单

负面清单制度是我国近年来在市场准入法制中提出的一项重大制度创新。负面清单制度的推行，对于我国原有的深受计划经济思维影响，政府管制色彩过浓的市场准入制度，具有革命性意义。针对准入门槛过高、准入规则体系过于繁杂、准入程序复杂冗长、不同所有制的市场主体难以平等竞争以及准入裁量过于含糊等一系列市场准入中的顽疾，负面清单制度都能够有效予以回应。首先，凡不在清单之列的领域、行业或事项，便意味着“法无禁止即有自由”，所有市场主体都可以平等进入。对于长期饱受所有制歧视等潜规则之害的民营企业而言，负面清单是打破“玻璃门”“弹簧门”的有力武器，可以有效化解准入门槛高和准入范围模糊不清的难题。其次，负面清单对所有禁止和限制准入措施的明确规定，使各类市场主体可以清晰了解进入市场所需遵守的法律法规和权利义务，以及需要符合与满足的标准要求，极大限制了行政部门的裁量空间，也大大降低了市场主体进入市场的各种成本和风险。最后，负面清单制订之后，由于禁止和限制的条目是相对固定的，市场新出现的业态和行业、领域自然不在清单范围之内，这无形中也会产生鼓励市场创新和创业的积极效果。①

① 郭冠男：《如何认识并全面实施市场准入负面清单制度》，《中国行政管理》2019 年第 1 期。

正因为此，在党的十九大报告中，在"加快完善社会主义市场经济体制"这一部分，报告特别指出要"全面实施市场准入负面清单制度，清理废除妨碍统一市场和公平竞争的各种规定和做法，支持民营企业发展，激发各类市场主体活力"。可以说，构建并全面推行内外资统一的市场准入负面清单，是放宽民间资本市场准入的重要路径。

(三) 准确把握政府与市场的关系

纵观我国社会主义市场经济体制的发展历程，是通过不断冲破、消解计划经济体制的坚冰而缓慢向前推进的。在传统的计划经济体制之下，政府的理性被无限放大，直接管制生产、经营、销售等一切市场活动，而审批则是政府管理的最主要方式。有学者曾言，这一时期社会"最集中、最突出、最全面的体现就是市场的一切行为都要通过政府的审批，或者说政府对市场主体的交易行为可以随时附加某种强制或限制"。[①]改革开放以来从计划经济体制到市场经济体制的转变，从理念上说是确立了市场是配置资源的更有效方式，在管理层面则是政府逐步放松管制，将权力让渡给市场和社会的过程。计划经济的失败终于使人们意识到，尽管市场并非万能，但相比于"市场失灵"而言，过度迷信政府理性而产生的"政府失灵"，会导致更加严重的后果。因此，改革开放 40 年是政府和市场关系调整与完善的 40 年，表面上看是似乎只是政府和市场作用范围的此消彼长的调整，但实际上是市场化改革深入导向的政府和市场的改革和完善。[②]对此，党的十八届三中全会上发布的《中共中央关于全面深化改革若干重大问题的决定》中已精辟指出，经济体制改革的核心问题是处理好政府和市场关系。健全社会主义市场经济体制，应着力解决市场体系不完善、政府干预过多

① 陈云良：《中国经济法的国际化路径》，中国政法大学出版社 2004 年版，第 118 页。
② 洪银兴：《市场化导向的政府和市场关系改革 40 年》，《政治经济学评论》2018 年第 6 期。

和监管不到位问题，使市场在资源配置中起决定性作用，并更好发挥政府作用。

处理好政府和市场关系的本质，是严守政府权力的边界，遵循市场规律，采用市场化手段，更多利用市场的力量和市场竞争实现企业优胜劣汰和资源优化配置，促进市场秩序规范。简言之，就是要控制政府权力，促进市场竞争，而约束和规范政府行政权力的行使，更是重中之重。对此，李克强总理在2019年全国深化“放管服”改革优化营商环境电视电话会议上深刻地指出，简政放权、放管结合、优化服务是处理好政府与市场关系的重大改革之举。就民间资本市场准入而言，“放管服”改革是当下克服市场准入中民间资本遇到的重重障碍的主要路径。对于行政审批过多、太难的问题，应当通过深化“放管服”改革进一步精简市场准入行政审批事项，禁止行政部门对民营企业违法设置准入条件，全面落实放宽民营企业市场准入的政策措施，并持续跟踪、定期评估市场准入有关政策落实情况。对于准入门槛过高的问题，应当通过公私合作与混合所有制的形式大幅放宽市场准入，在电力、电信、铁路、石油、天然气等传统国有资本垄断的重点行业和领域，放开其中的竞争性业务，引入市场竞争机制，支持民营企业以控股或参股形式开展某些业务，参与建设基础设施。对于部分地方政府滥用行政权力，在与民间资本合作过程中随意违约毁约，拒绝兑现政策承诺的行为，则应建立地方政府失信责任追溯和承担机制，通过人民法院对行政协议案件的审理，促使行政机关认真履行在招商引资、政府与社会资本合作等活动中与民间投资主体依法签订的各类合同。对民营企业因国家利益、公共利益或其他法定事由确实需要改变政府承诺和合同约定而受到的损失，应依法予以补偿。

第三节　民间资本市场准入的法制保障

党中央、国务院在《关于营造更好发展环境支持民营企业改革发展的意见》中，明确要求电力、电信、铁路、石油、天然气等行业、领域的相关职能部门要研究制订民营企业分行业、分领域、分业务市场准入具体路径和办法，并制订路线图和时间表。除了这些针对细分行业、领域出台个性化的市场准入改革措施之外，发展和完善民间资本市场准入法制，还需针对实践中暴露的具体问题，结合负面清单制度和“放管服”改革等最新改革动向，提出相应的改革举措，从而进一步激发民间资本活力，加快经济转型，构建经济增长的内生动力机制。

一、持续深化行政审批制度改革

自 2013 年十八届三中全会审议通过《中共中央关于全面深化改革若干重大问题的决定》以来，我国政府在进一步简政放权，深化行政审批制度改革的道路上持续前行，不断取得新的突破。作为厘清政府和市场边界的“先手棋”，行政审批制度改革成绩斐然。为了最大限度减少中央政府对微观事务的管理，国务院明确提出凡是市场机制能有效调节的经济活动要一律取消审批，对保留的行政审批事项也要规范管理、提高效率。对于直接面向基层、量大面广、由地方管理更方便有效的经济社会事项，则应一律下放地方和基层管理。自 2013 年到 2018 年，国务院的部门行政审批事项削减 44%，非行政许可审批彻底终结，中央政府层面核准的企业投资项目减少 90%，行政审批中介服务事项压减 74%，职业资格许可和认定也大幅减少。中央政府定价项目缩减 80%，地方政府定价项目缩减 50%以上。此外，还全面改革了我国的工商登记、注册资本等商事制度，企业开办时间缩短三分之一以上，工程建设项目审批制度改革试点也在稳步推进。在取消下放行政审批之余，事中事后监管得到了及时强化。改革并不意味着“一放了之”，放管结合是改革的题中应有之义。作为行政审批改革的重要内容，这 5 年来创新和加强事中事后监管也一直在有序推进。以“双随机、一公开”监管为基本手段、以重点监管为补充、以信用监管为基础的新型监管机制逐步健全，大大减轻了企业负担。①

行政审批制度改革的上述成效，在放宽民间资本市场准入，优化营商环境方面也有明显的体现。不过，在充分肯定成绩的同时，我们也要清醒地意识到，深化“放管服”改革和转变政府职能目前只是取得了初步胜利，未来改革还要付出更为艰苦的努力。实践中各种市场准入限制、审批事项、不合理的管理措施仍然很多，对企业投资兴业和群众创业创新还有很大的负面影响。针对这些行政审批制度改革过程中顽固存在的问题，需要结合《行政许可法》及相应的法理，综合采用多种手段予以解决。

1. 落实行政审批的定期评价制度

对于现有的与市场准入相关的行政审批项目，由于是相关职能部门对民间资本和民营企业作出的市场准入行为，从性质上说基本都属于行政许可，因此应当严格遵守《行政许可法》的有关规定。《行政许可法》第二十条规定的许可定期评价制度，对清理行政审批项目具有重要意义。该条要求，由许可设定机关定期对行政许可进行评价，许可实施机关可以对许可的实施情况及存在的必要性进行评价，并将意见报告给许可设定机关。公民、法人或其他组织则有权向许可设定机关和实施机关就行政许可的设定

① 陈晨：《行政审批制度改革：小切口取得大成效》，《光明日报》2019 年 1 月 5 日。

和实施提出意见和建议。定期评价制度的关键在于“定期”二字。目前我国在不断进行行政审批的取消和下放，但是在时间和削减对象上并无多少规律性可循。一个可行的建议是，在立法设定市场准入领域新的行政审批项目时，就应同时规定对该审批项目的评价期，以类似国外立法中“日落条款”的方式对行政审批项目作出定期评价。如行政审批项目能通过评价，便可继续延续，如在评价后认为已无存在的必要，则行政审批项目自动失效。对存量的市场准入领域行政审批项目，更应严格执行定期评价制度，通过对审批项目的定期评价结果来决定是否保留该项审批，并结合行政审批定期清理制度，从而使行政审批的取消和调整下放更具可预期性。

2. 建立行政审批定期清理制度和动态清理制度

除行政审批的定期评价制度以外，要充分破除不适当的行政审批项目给民间资本市场准入带来的体制束缚，还有必要探索建立其他的配套制度，如行政审批定期清理制度和动态清理制度。行政审批定期清理制度是由审批项目的设定主体在特定时间段内，以审批项目的评价报告为基础，对自己所设定的全部行政审批项目进行清理。定期清理制度的优势在于每隔一段时间，通过系统、彻底地对一批行政审批项目进行评价和清理，可以将不再适应社会主义市场经济需要和不利于民营企业发展的准入审批项目排除出去。在行政审批的定期评价制度尚未完全落实和有效运转之前，定期清理制度可以在一定程度上填补其空白。

相比于定期清理，行政审批的动态清理制度更为灵活，能够更快捷、更有效地回应外部相对人和社会发展的需求。动态清理制度的构建应当以行政审批的定期评价制度为基础，根据审批实施机关的反馈意见，尤其是根据民营企业所提出的意见和建议，由审批设定机关依照一定程序进行处理，并通过内部公文或行政决定的方式向提出意见的机关或民营企业作出答复。

3. 加强司法监督

前述两种手段注重的是行政审批的内部制度完善，主要是从行政部门的视角探索市场准入领域行政审批制度改革的进路。但是，仅有行政部门的自律机制还是不够的，要保证行政审批制度改革的成果能够及时巩固下来，杜绝变相设立审批、审批过程过于随意以及利用审批权力寻租等违法现象，还需要强化外部对权力进行监督制约的机制。客观而言，尽管近年来我国法治政府建设取得了丰硕成果，但仍有不少行政部门出于维护自身权力与利益的考虑，消极对待行政审批制度改革，甚至阳奉阴违，以备案、登记的名义行使审批权力，为市场准入制造障碍。此外，还存在个别审批中滥用行政裁量权，以权谋私和寻租的现象。针对这些市场准入中的显性和隐性壁垒，司法审查具有其他制度不可代替的优势。在保障行政审批利益相关方的知情权、陈述权、申辩权和监督权方面，在违法设定准入门槛和实施行政审批侵害民间资本合法权益时的责任承担和赔偿方面，以及在推进反腐倡廉建设方面，司法机关都可以通过行政诉讼的方式来发现制度漏洞，确定违法行为当事人的责任，并及时提出相关司法建议。只有自律和他律相结合，才能确保行政审批制度改革始终在法制化的轨道上行进，才能真正实现转变政府职能和优化营商环境的目标，也才能真正在市场准入领域实现行政审批制度改革的预期目标。

二、大力推进混合所有制与公私合作制

客观而言，改革开放以来，民间资本已顺利进入市场经济竞争性行业的绝大多数领域，并在激烈的市场竞争中充分展现了自己的优势。据统计，民营企业在当下创造了中国经济 50％的税收、60％的 GDP、70％的技

术创新、80%的就业、90%的企业数量和新增就业。[①]民营经济已经与我国经济社会的发展休戚与共、息息相关。但是,对于一些国有资本长期保持控制局面的特殊行业以及社会公共事业,民间资本的进入仍然面临着很大障碍。面对着这些紧闭的"铁门",混合所有制与公私合作制近年来成为民间资本突破准入禁区的重要改革方向。

(一) 积极稳妥推进混合所有制经济

1. 混合所有制改革的提出与实践

据学者考证,混合所有制并非新事物,早在党的十四大、十五大及十六大报告中,都有涉及混合所有制的内容。[②]党的十五大报告首次明确提出了混合所有制的概念,报告指出,"公有制经济不仅包括国有经济和集体经济,还包括混合所有制经济中的国有成分和集体成分"。党的十六大报告则更进一步提出,"要深化国有企业改革,进一步探索公有制特别是国有制的多种有效实现形式……积极推行股份制,发展混合所有制经济"。不难发现,混合所有制的提出,是基于我国国有企业改革的需要,目的是通过引进其他所有制经济成分来增强国有经济的活力,提高其竞争力。此后由于改革过程中出现的一些风险和担心,如国有资产流失和公有制经济失去主导地位等问题,混合所有制改革的步伐一度放缓。但是在2013年11月召开的十八届三中全会上,会议通过的《中共中央关于全面深化改革若干重大问题的决定》再次对混合所有制予以了强调。该决定明确指出,"国有资本、集体资本、非公有资本等交叉持股、相互融合的混合所有制经济,是基本经济制度的重要实现形式","允许更多国有经济和其他所有制经济发展成为混合所有制经济。国有资本投资项目允许非国有资本参股。允许混

---

① 熊丽、吉蕾蕾:《着力优化营商环境 放手发展民营经济》,《经济日报》2019年3月7日。

② 蒋大兴:《合宪视角下混合所有制的法律途径》,《法学》2015年第5期。

合所有制经济实行企业员工持股,形成资本所有者和劳动者利益共同体”。“鼓励非公有制企业参与国有企业改革,鼓励发展非公有资本控股的混合所有制企业,鼓励有条件的私营企业建立现代企业制度”。党的十八届三中全会报告发布后,混合所有制又成了热议的话题,从理论界到实务界、从国企到民企都在热烈讨论如何有效实施混合所有制,从而为民间资本进入被国企垄断的特殊行业打开大门。

为了指导和规范国有企业混合所有制改革,防止因监管不到位、改革不彻底而导致国有资产流失,国务院于 2015 年 9 月发布《关于国有企业发展混合所有制经济的意见》(国发〔2015〕54 号)的纲领性文件,对国有企业的混合所有制改革进行了全面部署。文件中最为核心的内容之一,是要求分类分层推进国有企业的混合所有制改革。所谓分类,是指对于主业处于充分竞争行业和领域的商业类国有企业,要稳妥推进改革,积极引入其他国有资本或各类非国有资本实现股权多元化。对主业处于关系国家安全、国民经济命脉的重要行业和关键领域、主要承担重大专项任务的商业类国有企业,要保持国有资本控股地位,支持非国有资本参股;对自然垄断行业,实行以政企分开、政资分开、特许经营、政府监管为主要内容的改革。所谓分层,则是引导在子公司层面有序推进混合所有制改革,通过引入非国有资本来加快技术创新、管理创新、商业模式创新,合理限定法人层级,有效压缩管理层级。在集团公司层面,对于国家有明确规定的特定领域,要坚持国有资本控股,形成合理的治理结构和市场化经营机制;在其他领域,则鼓励通过整体上市、并购重组、发行可转债等方式,逐步调整国有股权比例,积极引入各类投资者,形成股权结构多元、股东行为规范、内部约束有效、运行高效灵活的经营机制。

在前述中央政策文件的要求下,以中国联通为代表的一批大型国有企业纷纷成功走出了混合所有制改革的第一步。从实际效果看，混合所有制改革为这些企业带来了比较明显的变化。以中国联通为例，实施改革之后，中国联通组建了决策专业和构成多元的董事会，加快推进内部改革，全力实现业务的差异化突围。改革的效果是中国联通的主营收入增幅由负转正，上市公司利润大幅增长。①正是看到了混合所有制对于放宽民间资本市场准入的重要积极意义，在 2019 年 12 月颁布的《关于营造更好发展环境支持民营企业改革发展的意见》中，国务院进一步具体列举了民营企业如何以参股或控股方式进入更多关系国计民生的重要行业和关键领域。例如，文件要求支持民营企业以参股形式开展基础电信运营业务；以控股或参股形式开展发电配电售电业务；支持民营企业进入油气勘探开发、炼化和销售领域，建设原油、天然气、成品油储运和管道输送等基础设施；支持符合条件的企业参与原油进口、成品油出口。另外，在基础设施、社会事业、金融服务业等领域，该意见也要求大幅放宽市场准入，而放宽准入的主要方式，便是公私合作与混合所有制。

2. *在法治框架下稳妥推进混合所有制改革*

如前所述，我国的国有企业混合所有制改革自提出后，一直在稳步推进。改革为民间资本创造了良好的发展机会，使民营企业突破了很多以往在市场准入领域难以克服的障碍和壁垒。通过混合所有制改革，民营企业充分发挥了自己市场敏感性强、机制灵活、富有效率与活力的特点，而国有企业则具有资金优势、市场资源和品牌号召力。借助混合所有制改革的契机，企业还可以进一步规范自身的治理结构，建立健全现代企业制度，实现多方共赢。但是，争议与担忧也始终围绕着混合所有制改革的整个过程，

① 王政:《混改为中国联通注入新活力》,《人民日报》2018 年 10 月 21 日。

有观点担心改革之后公有制经济失去主导地位，[①]也有人担心改革的具体方案设计会降低国有财产的保护力度，明显损害国有财产，从而造成国有资产的流失甚至是“私有化”。[②]还有人提出混合所有制改革不能陷入误区，不应将改革与“股权多元化改革”混同，不能在改革中重股权轻治理、重约束轻激励以及重结果而轻过程。[③]

应当承认，上述担忧并非是杞人忧天。国资的个别企业借大股东身份侵吞民资，或是将改革变成一场瓜分国有资产的盛宴，都有其担心的合理依据。化解上述对混合所有制改革的忧虑，必须也只能从法治层面出发，做好混合所有制改革的法制建设，运用法制有效保障改革的顺利推进。因此，国务院在《关于国有企业发展混合所有制经济的意见》中特别提出，要加快建立健全法制。该意见要求一方面要健全与混合所有制经济相关的立法，加大法律法规的立、改、废、释工作力度，确保改革于法有据。另一方面也要根据改革需要，抓紧对《合同法》《物权法》《公司法》《企业国有资产法》《企业破产法》中有关法律制度进行研究，对有关法律规定不符合改革精神的，应当依照法定程序及时提请国务院或全国人大修改。同时还要推动加快制定有关产权保护、市场准入和退出、交易规则、公平竞争等方面法律法规。除了完善立法之外，自国务院的意见颁布以来，国务院办公厅和多个部委还先后印发了《关于国有企业功能界定与分类的指导意见》《关于国有控股混合所有制企业开展员工持股试点的意见》等一系列政策文件，从国企分类和分层改革、改革国资管理体制、非国有资本参与混改、国有资产交易、员工持股试点等方面制定了具体规定，为全国各地推进国有企业

① 李先灵：《依宪推进混合所有制经济发展》，《红旗文摘》2015 年第 9 期。
② 蒋大兴：《合宪视角下混合所有制的法律途径》，《法学》2015 年第 5 期。
③ 黄群慧：《破除混合所有制改革的八个误区》，《经济日报》2017 年 8 月 4 日。

混改工作构建了基础性的政策框架，有效弥补了立法的空缺。

在国务院上述指导意见的基础上，笔者认为混合所有制改革的法制保障，首先应从法治理念的更新开始。要充分认识到，混合所有制改革不仅仅是深化国有企业改革中的某一个环节，也不是简单地吸引民资以解决企业资金不足问题。混合所有制改革的根本目标，是要让各种资本形式，尤其是民间资本进入其之前被限制进入的行业与领域，实现各种所有制资本的取长补短、相互促进与共同发展，夯实社会主义基本经济制度的微观基础，从而使我国企业能够有效应对日益激烈的国际竞争和挑战，推动我国经济保持中高速增长并迈向中高端水平。因此，混合所有制改革应从根本上去除源自计划经济时代的资本歧视性观念，对国有资本、民间资本甚至外国资本做到一视同仁，真正确立“平等资本观”。①必须指出，“平等资本观”与保证公有制经济的主导地位以及保证对国有财产的保护力度并不冲突。如前文所述，混合所有制改革不等于全盘私有化，绝对不意味着只是简单地将企业的国有股权出售给非公有资本。根据国务院在《关于国有企业发展混合所有制经济的意见》中的部署，改革甚至不是针对全部国资国企的改革，而是有计划、有步骤地分类分层进行混合所有制改革。因此，在某些国有资本占控制地位的混合所有制企业中，国家实际上用较少的投入控制了较多的资产，是发展而非限制或缩小国有经济。至于对国有财产的保护力度问题，只要在改革的过程中做到程序公正、交易公平、信息公开，严格遵守《民法典》《公司法》等现有法律的规定，保证操作流程和审批程序规范，国有资产定价机制健全，第三方机构作用得到很好发挥，审计纪检及内部员工等各个方面能监管到位，就完全可以守住国有资产不流失的底

① 段宏磊、刘大洪：《混合所有制改革与市场经济法律体系的完善》，《学习与实践》2015 年第 5 期。

线，有效保证国有资产的保值增值。

除了正确法治理念的指引外，实施混合所有制改革的各个行业与领域的行政主管部门还应及时落实国务院的总体部署，通过对自己所在行业、领域的国有企业混改试点，及时梳理并总结法制层面存在的具体问题。对阻碍改革的现有法律规定，应按相应程序提请有权机关进行修改。对改革所需的法律依据存在供给不足情况的，应根据《立法法》的规定请求具有立法权限的机关及时制定法律。在改革具有试验性或急迫性，但立法时机还不成熟或立法还不能马上推出，同时也不违反法律保留原则的情况下，还应通过制订行政规范性文件为改革提供规范上的指导。

（二）积极发展公私合作制

1. 公私合作制在我国的发展历程与现状

公私合作制与混合所有制有一定的相似之处，二者均一定程度上体现了国有资本与非国有资本间的合作关系。理论界有观点认为，公私合作制是“一种混合所有制的资源配置方式”。①国务院在《关于国有企业发展混合所有制经济的意见》中，也把推广政府与社会资本合作（以下简称为 PPP②）模式作为鼓励各类资本参与国有企业混合所有制改革的手段之一。应当说混合所有制与公私合作制所涉及的行业与领域确有一定交叉重合之处，其目的也均是为了进一步促进和发展以公有制为主体、多种所有制经济共同发展的基本经济制度。③但是，二者的差异也非常明显，不但适用的领域有所不同，所肩负的改革任务也各自有所侧重。混合所有制改革主要适用

---

① 陈婉玲：《公私合作制的源流、价值与政府责任》，《上海财经大学学报》2014 年第 5 期。

② 国内对 PPP 的译法有多种表述，如公私伙伴关系、公私合作伙伴模式、公共/私人合作关系、公私机构的伙伴合作、官方/民间的合作、民间开放公共服务、公共民营合作制等。但官方对 PPP 的正式称谓，一般使用的是“政府与社会资本合作”。

③ 刘大洪、段宏磊：《混合所有制、公私合作制及市场准入法的改革论纲》，《上海财经大学学报》2017 年第 5 期。

于国有企业，其主要任务之一是引入非国有资本，改善企业的治理结构，以此来建立现代企业制度。公私合作制则主要是强调政府与社会资本在经营方面展开合作，是政府通过引入私人部门的力量来解决公共服务供给不足的一种市场化改革运动。混合所有制改革主要针对主业处于充分竞争行业和领域的商业类国有企业，以及主业处于关系国家安全、国民经济命脉的重要行业和关键领域、主要承担重大专项任务的商业类国有企业。公私合作制则主要针对基础设施建设与社会公共事业，一般通过政府授予特许经营权的方式展开。

严格意义上说，“公私合作制”和“政府与社会资本合作”是否完全一致还存有争议，问题的关键在于对“公私合作制”采用广义还是狭义的理解。最广义的“公私合作制”，指的是政府公共部门与民营部门进行合作，让民营部门所掌握的资源参与提供公共产品和服务，从而实现政府公共部门的职能并同时也为民营部门带来利益。①因此，凡是政府部门与私人主体之间协力提供公共产品或服务的行为，几乎都可以纳入这一含义的“公私合作制”范围内。但现代意义的“公私合作制”，则主要是指公共部门与私人部门为提供公共服务而建立起来的一种长期合作伙伴关系。这种伙伴关系通常需要通过正式的协议来确立，在伙伴关系下，公共部门与私人部门发挥各自的优势来提供公共服务，共同分担风险、分享收益。现代意义下的“公私合作制”在伙伴关系的形式上也非常灵活广泛，包括特许经营、设立合资企业、合同承包、管理者收购、管理合同、国有企业的股权转让或者对私人开发项目提供政府补贴等。②但相比于最广义的“公私合作”，现代的

① 中国财政学会公私合作(PPP)研究专业委员会课题组:《公私合作伙伴关系(PPP)的概念、起源与功能》,《经济研究参考》2014 年第 13 期。

② 余晖、秦虹:《什么是公私合作制》,《中国经济时报》2005 年 9 月 19 日。

“公私合作制”更为强调长期性和契约性，是更为正式的合作安排。本书所述及的，是现代意义下的“公私合作制”。

公私合作在我国的起步并不晚。从20世纪90年代中期开始，为了解决我国城市市政公用设施服务长期“欠账”的问题，一些地方政府开始尝试利用建设—移交（BT）、建设—经营—转移（BOT）等非政府投资的方式发展市政公用事业。1994年，福建省泉州市政府批准由民营企业控股的泉州刺桐大桥投资开发有限公司按照建设—经营—转移模式进行刺桐大桥的建设运营。该项目以大桥特许经营权质押贷款，采取按揭式还本付息方式偿还贷款，成为以民营资本为主的建设—经营—转移投资模式的国内首例，为我国长期受困的大型基础设施建设融资提供了良好的示范和借鉴。[①] 2000年之后，中央政府尤其是主管投资和城市建设的行政部门进一步出台相关政策和规章，明确鼓励非公有资本进入市政公用事业的建设、运营和管理，到2003年前后，掀起了一场市政公用设施服务的市场化改革浪潮。2003年10月在党的十六届三中全会上通过的《中共中央关于完善社会主义市场经济体制若干问题的决定》中，在“大力发展和积极引导非公有制经济”这一部分，特别指出要“清理和修订限制非公有制经济发展的法律法规和政策，消除体制性障碍。放宽市场准入，允许非公有资本进入法律法规未禁入的基础设施、公用事业及其他行业和领域”。这一要求标志着民营资本自此可以全面进入基础设施和公用事业领域，为PPP模式的兴起奠定了基础。

2013年以后，公私合作制的相关政策开始密集出台。2014年9月，财政部发布《关于推广运用政府和社会资本合作模式有关问题的通知》，提出

① 贾康等：《最早的PPP案例：刺桐大桥》，《中国财经报》2014年4月22日。

要拓宽城镇化建设融资渠道，促进政府职能加快转变，完善财政投入及管理方式，尽快形成有利于促进政府和社会资本合作模式发展的制度体系。为保证项目实施质量，规范项目识别、准备、采购、执行、移交等环节操作流程，财政部又在 2014 年 11 月颁布《政府和社会资本合作模式操作指南（试行）》。2014 年 12 月，国家发展改革委员会发布《关于开展政府和社会资本合作的指导意见》，该意见系为了贯彻落实《国务院关于创新重点领域投融资机制鼓励社会投资的指导意见》（国发〔2014〕60 号）的有关要求，旨在鼓励和引导社会投资，增强公共产品供给能力。文件明确指出，政府与社会资本合作模式有利于创新投融资机制，拓宽社会资本投资渠道，增强经济增长内生动力；有利于推动各类资本相互融合、优势互补，促进投资主体多元化，发展混合所有制经济；有利于理顺政府与市场关系，加快政府职能转变，充分发挥市场配置资源的决定性作用。在前述政策文件的基础上，为了落实党的十八届三中全会要求的“制定非公有制企业进入特许经营领域具体办法”，为后续《基础设施和公用事业特许经营法》的制订积累经验，国家发改委、财政部、住房和城乡建设部、交通运输部、水利部及中国人民银行于 2015 年 4 月联合发布《基础设施和公用事业特许经营办法》。这是中央政府首次对 PPP 模式进行立法，考虑到特许经营的概念在我国使用已久，并且具有相对清晰的调整范围，因此规章没有直接使用 PPP 或公私合作的表述。这部多部门联合发布的规章对基础设施和公用事业特许经营的适用范围、实施程序、政策支持等作了较为全面详细的规定，是引导规范基础设施和公用事业特许经营、推进政府和社会资本合作的重要举措，有利于保障民间资本投资权益，促进政府职能转变，提高公共服务质量效率。

在国务院的大力推动下，PPP 近年来在我国的发展极为迅猛。统计数据显示，截止到 2019 年 11 月 30 日，全国已经入库的 PPP 项目共计 9 388

个，总投资 14 万多亿元，其中城市基础设施、农林水利、社会事业、交通运输、生态环保等领域占项目总数和总投资比重均接近 90%。PPP 在加强基础设施补短板、调动民间投资上的作用十分显著。尤其是在当前经济增速放缓的情况下，PPP 对于“六稳”中的稳投资发挥了重要作用。[①]

2. 运用法治手段保障与促进公私合作制

尽管 PPP 项目在全国各地的发展势头十分猛烈，但在一阵突飞猛进之下，实践中 PPP 模式已经暴露出诸多问题，直接影响了这一模式推行的初衷与目标实现，有必要引起高度重视。

具体而言，PPP 项目存在的主要问题，大致有项目实际签约率低、民营资本参与率低、项目实际收益率低、融资难问题突出、政府随意违约现象时有发生、风险分配不合理以及监管不到位，等等。这其中，矛盾较为突出的问题基本都与如何处理政府与民间资本的关系直接或间接相关。例如，之所以 PPP 项目的实际签约率和民营资本的参与率较低，除了项目自身前期工作不够深入，运作不规范之外，更主要是因为项目的准入门槛过高，人为设置了太多不合理条件，阻碍了民营资本进入。同时，PPP 项目普遍投资规模大，对资金实力要求高，中小社会资本受制于项目资本金和融资能力，一般难以参与。加之项目往往周期较长、投资回报率低、资金回收慢，社会资本难以提起兴趣。以 PPP 项目的招标条件为例，很多项目均要求企业具有甲级以上的设计或施工资质。此外，PPP 项目对企业的注册资本、总资产、净资产、银行授信、银行存款及业绩都有极高要求。总投资 1 亿多的项目，甚至要求参与投标企业的注册资本不低于 1 亿元，总投资 14 亿元的项

① 祝嫣然：《PPP 入库项目额已超 14 万亿　今年仍是稳投资重要工具》，《第一财经日报》2020 年 1 月 8 日。

目，要求投标企业自有资金或银行授信不少于10亿元。[①]能够全部符合这些高标准条件的，基本只有大型央企、国企或上市公司，普通的民营企业根本无法与之竞争。这也造成了政府与社会资本合作模式中的一个突出怪现象，即名义上为“公私合作”，实际上与政府合作的均为大型央企或异地的城投公司，实质上是“公公合作”，完全违背了政府与社会资本合作机制的初衷。

除了以上高门槛、融资难和回报低的问题之外，民间资本对PPP项目的参与热情不高，还有一个很重要的原因是对政府履行合同的信心不足。PPP协议往往有相对较长的合同期限，可能会跨越几届地方政府，实践中政府一方以政府换届、领导更替等理由违约毁约的并不罕见，民间资本对此心存疑虑，作为理性经济人选择不参与合作或退出合作完全可以理解。正因为此，党中央、国务院在2016年11月发布的《关于完善产权保护制度依法保护产权的意见》中才特别指出，要完善政府守信践诺机制，大力推进法治政府和政务诚信建设，地方各级政府及有关部门要严格兑现向社会及行政相对人依法作出的政策承诺，认真履行在招商引资、政府与社会资本合作等活动中与投资主体依法签订的各类合同，不得以政府换届、领导人员更替等理由违约毁约，因违约毁约侵犯合法权益的，要承担法律和经济责任。

针对实践中存在的PPP项目落地难、签约率低、民间资本参与度不够等现实问题，需要在准确查找原因的基础上，回归到法制层面，运用法治手段加以解决。总体上，前述公私合作过程中出现的种种不利于民间资本参与的问题，基本可以归入到立法、契约执行和监管三个方面加以讨论。

---

① 王彧：《中国PPP项目的发展现状及其问题》，《上海大学学报》（社会科学版）2017年第5期。

（1）进一步完善公私合作的立法

我国目前在公私合作领域的立法，以位阶相对较低的部门规章和地方性法规、地方规章为主，专门规范公私合作的行政法规和法律尚付之阙如。在部门规章层面，先后有原建设部的《市政公用事业特许经营管理办法》（2015年修正）及六部委联合发布的《基础设施和公用事业特许经营办法》。地方性法规和地方规章在各地则较为普遍，地方人大和政府在市政公用事业、城市基础设施和公共交通等领域制定了大量地方立法，如《湖南省市政公用事业特许经营条例》《上海市城市基础设施特许经营管理办法》《沈阳市城市轨道交通运营特许经营管理办法》等。在立法之下，国务院各部委、地方各级人民政府及其职能部门还针对PPP项目颁布了数量庞大的指导性、操作性或管理性的行政规范性文件，形成了公私合作的政策体系。

尽管这些规范性法律文件与政策文件对于推动公私合作发挥了重要作用，但其不足之处也非常明显。国务院各部委制定的规章和文件虽然适用于全国，但基本是从自身的管理范围和行业出发，缺乏全局性、系统性和统一性，彼此间难以兼容和衔接，难免产生冲突。地方政府制定的地方立法和规范性文件，同样有地方性、局部性和分散化的特点，适用范围有限，难以产生广泛的影响力，更难以避免各地方各自为政的局面。因此，统一的、专门的中央立法实有其必要。在这一点上，国外已经有不少成功的立法例，如韩国的《基础设施吸引民间资本促进法》、巴西的《公私合营法案》以及德国的《公私合作制促进法》。①

一部专门的公私合作立法，可以为公共部门和私人主体双方达成互利共赢的合作协议设置最基本的规则，规范合作流程，设定各方基本的权利、

① 陈婉玲：《公私合作制的源流、价值与政府责任》，《上海财经大学学报》2014年第5期。

责任、义务和风险分担规则，并对争议解决机制作出规定，从而统摄、指导和引领在其之下的整个公私合作法律规范体系。它的出台，可以有效化解合作过程中产生的公私之间的种种利益冲突，为其提供必要的法律支持与促进措施，对增强法律保护的效用、提升民间资本的投资信心以及改善公私合作的法律环境，都将产生重要而深远的影响。当然，在目前专门立法的时机尚不成熟时，由国务院先行制定行政法规作为试验性立法，待充分积累经验后再适时推出法律，也不失为一项稳妥的选择。[①]除了一部统一、专门的中央立法外，在 PPP 项目的各个主要环节，如物有所值评价、项目融资方式、绩效评估等，也应以相应的规章立法予以配套，从而在公私合作领域形成一套完整的法律规范体系。

（2）依法订立与执行 PPP 协议

政府与社会资本之间长期、稳定、互利共赢的合作关系的建立与维系，很大程度上是以公平、合理、自愿缔结的契约为基础的。PPP 项目一般投资规模较大，涉及的流程环节多，运作周期长，需要用一系列合同对政府和社会资本的权利、义务进行规定。因此，PPP 协议其实是一个协议体系，至少包括项目合同、股东协议、保险合同、融资合同以及与供应商之间的采购合同等组成部分。这其中，项目合同当然是 PPP 协议体系的核心和基础性合同，它需要对双方合作的内容、交易结构、拟达成的目标和结果、产品或服务的费用、价格或收费标准、各自的具体权利义务以及风险分配机制都作出详细规定，从而指导与约束合同各方的行为，作为各方主张权利、履行义务和项目全生命周期顺利实施的保障。同时，PPP 协议也是各方在发生

---

① 2016 年 1 月，财政部对外发布《中华人民共和国政府和社会资本合作法（征求意见稿）》，共七章五十九条，成为我国 PPP 领域的第一部对外发布并征求意见的法律。此后不久，国家发改委也发布了《中国基础设施和公用事业特许经营法（征求意见稿）》。2017 年 7 月 21 日，国务院法制办、国家发改委、财政部起草的《基础设施和公共服务领域政府和社会资本合作条例（征求意见稿）》及其说明全文公布，向社会各界征求意见。

争议时，司法机关裁决纠纷的最重要依据。为此，各国立法均对PPP协议有系统而明确的规定，并提供标准化的合同范本供项目参考使用。在我国，2014年12月国家发改委编制发布《政府和社会资本合作项目通用合同指南》(2014年版)，对PPP项目合同如何编制起草提供了十分详细的说明。2015年1月，财政部印发《PPP项目合同指南(试行)》(财金〔2014〕156号)，旨在规范PPP合同管理。文件要求各级财政部门会同行业主管部门逐步形成一批科学合理、全面规范、切实可行的合同文本，以供PPP项目参考示范。在总结各地实践的基础上，财政部将逐步出台主要行业领域和主要运作方式的PPP项目合同标准示范文本，以进一步规范合同内容、统一合同共识、缩短合同准备和谈判周期，加快PPP模式推广应用。

尽管对PPP协议的法律属性仍有争议，但不论将其界定为民事协议还是行政协议，最为关键的是如何防止政府滥用行政权力随意违约，导致社会资本对合作失去信心进而退出合作。对此，需要多方面的制度相互配合，共同协力，对政府的行政权形成有力约束，方能确保来之不易的PPP协议得到各方的忠实履行。从法治政府建设的角度，应当严格遵守党中央、国务院发布的《关于完善产权保护制度依法保护产权的意见》中的相关内容，构建和完善政府守信践诺机制，大力推进法治政府和政务诚信建设。政务诚信是我国正在大力推进的社会信用体系建设的关键，各类政务行为主体的诚信水平，对其他社会主体诚信建设发挥着重要的表率和导向作用。2016年12月，国务院发布《关于加强政务诚信建设的指导意见》(国发〔2016〕76号)，对政务诚信建设作出了全面具体的部署。在该意见中，国务院要求探索构建广泛有效的政务诚信监督体系。建立政务诚信专项督导机制，实施政务诚信考核评价。同时，要建立健全政务信用管理体系，加强公务员诚信教育，提高公务员信用意识。意见还特别提到，要加强政府和社会资本合作领域的政务诚信建设,建立项目责任回溯机制。加强招商引资领域政务诚信建设,认真履行依法作出的政策承诺和签订的各类合同、协议,以及加强地方政府债务领域政务诚信建设,建立地方人民政府的信用评级制度。在具体实施和法制保障上,意见要求加快法规制度建设,逐步建立和完善政务诚信建设法规规范,鼓励有条件的地方出台政务诚信建设的地方性法规。

仅靠政府的自律和自我监督,对于防范行政权力可能的滥用是不够的,外部监督尤其是司法监督必不可少。对 PPP 协议而言,由于行政机关是合同的主体之一,当合同履行发生争议时应当通过何种诉讼程序解决纠纷,就成为了一个富有争议的问题。特别是在 2014 年《行政诉讼法》修改之后,特许经营协议等行政协议被列入了行政诉讼的受案范围,关于 PPP 协议是否属于行政协议的争论更是达到了顶峰,而这一争论,在民法学界与行政法学界关于行政协议是否有必要存在的学理论争的推动之下,更是趋向复杂化。在实践层面,财政部的《政府和社会资本合作模式操作指南》第二十八条及国家发改委的《政府和社会资本合作项目通用合同指南》(2014 年版)第七十三条均规定,合同双方发生争议且无法达成一致时,可以选择仲裁或诉讼的方式进行解决。显然两部门的文件均将 PPP 项目合同视为民事合同。政策文件的观点得到了绝大多数民商法学者与 PPP 实务界人士的支持。对于社会资本而言,将其与政府的合作关系定位于平等主体之间的民事关系,从心理上首先得到了巨大的安抚。而民事争议可以适用仲裁的特点,更是给社会资本提供了一个避开由政府所在地法院进行司法管辖的机会,进一步强化了其获得平等对待的愿望。尽管在客观层面,这种愿望是否能够成立非常值得怀疑。无论如何解释,PPP 项目合同所具有的公法性是不容否认的。政府一方在 PPP 协议中不仅负有约定的项目上的权利义务，而且要承担相应的行政监管职能，并且对相关公共产品与公共服务的持续提供承担一定的担保责任，而与这些行政职能和责任相匹配的，则是政府在PPP协议中所享有的行政优益权。因此，再怎么强调PPP协议的私法意义，也无法否认其公法性质。①

对于PPP协议的争议解决途径问题，学者们提出了诸多方案。有学者在将PPP协议界定为行政协议的基础上，建议将PPP协议视为由主合同与从合同组成的合同群，PPP项目合同为主合同，适用行政诉讼，而包含业务承包合同、融资合同、担保合同等在内的从合同，则属于民事合同，适用民法规则和民事诉讼程序。②另有学者引入德国法上的双阶理论，将PPP协议的法律性质界定为“行政处理＋民事合同”和“行政处理＋行政合同”模式。简言之，PPP协议签订前的行为应界定为行政处理行为，适用行政救济途径解决纠纷。PPP协议签订后的行为原则上应视为民事合同，适用民事救济途径，但可以根据行为的性质和争议的内容以行政救济作为补充。③还有学者认为，鉴于PPP项目合同同时具有公法性和私法性，因此不论是行政诉讼附带解决民事争议，还是民事诉讼一并审查行政行为，都是可以接受的解决方案，问题的关键在于应努力实现争议的一体化解决。④

在我国的司法实践中，2014年《行政诉讼法》修改之前，法院对PPP协议的性质认定同样没有一致定论，多数案件中法院倾向于将PPP协议视为民事合同。即便在《行政诉讼法》修改后，最高人民法院仍在个别案件中认为一方当事人为行政机关的特许经营协议，并不必然适用行政诉讼。⑤不

①④ 刘飞：《PPP协议的法律性质及其争议解决途径的一体化》，《国家检察官学院学报》2019年第4期。

② 郑雅芳：《论我国PPP协议中公私法律关系的界分》，《行政法学研究》2017年第6期。

③ 尹少成：《PPP协议的法律性质及其救济——以德国双阶理论为视角》，《政法论坛》2019年第1期。

⑤ 参见“辉县市人民政府与河南新陵公路建设投资有限公司合同纠纷上诉案”，最高人民法院(2015)民一终字第244号民事裁定书。

过，这一问题在 2019 年 11 月 27 日发布的《最高人民法院关于审理行政协议案件若干问题的规定》（法释〔2019〕17 号）中有了较为明确的答案。最高人民法院在这一司法解释中明确指出，政府与社会资本合作协议如果符合该司法解释的第一条，即属于行政机关为实现行政管理或者公共服务目标，与公民、法人或者其他组织协商订立的具有行政法上权利义务内容的协议，则应视为行政协议，人民法院应当受理当事人对该协议提起的行政诉讼。

客观而言，我国现有的合同法律制度与民事诉讼程序，或者是行政合同制度与行政诉讼程序，均能够为 PPP 协议的公正裁判提供足够的规范依据。因此，选择提起何种诉讼，对合作关系中的社会资本一方没有本质区别。作为纠纷解决的裁判机构，人民法院是否能在个案中运用法律独立作出判决，才是至关重要的。也唯有法院的公正判决，才能有效约束行政权的滥用，保护社会资本的参与热情，实现 PPP 模式鼓励和引导社会投资，理顺政府与市场关系，充分发挥市场配置资源决定性作用的最终目标。

（3）加强与改进 PPP 监管

从经济学角度看，公私合作制对政府部门、私营部门和社会公众三方都具有强烈的正外部性。对政府部门而言，它有利于转变国家治理理念，实现全面依法治国，能够减少财政支出压力，提高资金使用效益，化解地方政府债务。对私营部门而言，它有利于推动企业深化改革，发展混合所有制，推进供给侧改革。对于社会公众，更是可以进一步完善公用事业服务，实现经济民主原则，缓解区域不平衡并实现区域经济的梯度转移。[①]但是，公私合作制的负外部性也不容忽视。私营部门作为代理人可能会出现逆

① 徐玖玖：《走出公私合作制的落地难困境——外部性视野下 PPP 制度供给的经济法回应》，《江西财经大学学报》2017 年第 3 期。

向选择和道德风险的投机行为，政府作为委托人则可能在行政权力约束较弱的情况下，随意、任性地使用权力，使政府的自利性与公益性产生矛盾。因此，要遏制双方主体的机会主义行为，必须形成与强化公私合作中的监督机制。

我国对PPP项目的监管，主要是由PPP协议中的政府一方来实施的。作为公共利益的代表，政府方既与私营部门缔结公私合作的协议，同时也负有保障公共利益实现的职能，因此政府一方需要在合同履行中监督和指挥私营部门，甚至在必要时可以单方变更或解除合同，这在传统上视为是“行政优益权”的体现。但是，仅有“行政优益权”还不足以代替对整个PPP项目的适当监管。PPP项目监督机制的构建与强化，应当同时针对私营部门和政府部门两者可能出现的机会主义行为展开。对私营部门来说，政府应以维护社会公共利益为己任，加强对其经营活动的监督，尤其是在产品质量、定价方式等方面，政府应确保PPP项目的运行符合公平、正义的价值观，在实质和程序上都符合公共利益。必须指出，这种监管并不意味着要对PPP项目的微观运营实施干预，而是要通过监督机制保证私营部门能够忠实履行PPP协议的约定，严守公共利益底线，实现公私协力之下的公共利益更有效整合、维护与分配。对政府部门而言，则应通过监督机制的构建约束其权力，防止其过度干预私营部门及PPP项目公司的经营自由和商业决策，明确其行政行为的边界。对政府部门的监督面临着一个天然的难题，即公私合作中的政府部门兼具运动员和裁判员的双重身份，既负有PPP协议中的约定义务需要履行，又要对合同相对方即私营部门的履约行为进行监督，保证项目的公平、效益和质量，在身兼二职且存在利益关联或利益冲突的情况下，这近乎是一个不可能完成的任务。对此，有学者借鉴发达国家PPP监管的经验，提出应创设独立的公共监管机构，实现监管者与项目参与者的分离，由独立监管机构来严格监管 PPP 项目的经营活动，这样才能真正落实竞争政策，有效维护公共利益。[①]笔者认为，这一主张具备程序合理性的基础，并且已在域外被证明行之有效，值得予以学习借鉴。行政监管的理论和实践均已证明，破除监管者双重身份困境的最佳策略是实现机构层面的必要分离，不论是新组建单独的监管机构，还是将监管职能赋予其他行政机构，都能较为有效地实现监督目的。同样，只有在参与者和监管者的身份厘清之后，公共利益和私人利益才能有效达成平衡，PPP 项目下公共服务的供给效率得以提升，最终更好地实现社会公共利益。

三、优化设置营商环境职能机构

（一）营商环境职能机构的设立现状

近年来，在党中央、国务院的高度重视下，“优化营商环境”成为了我国经济体制改革中的热词。习近平总书记多次指出要营造稳定公平透明、可预期的营商环境，加快建设开放型经济新体制，推动我国经济持续健康发展。2019 年的政府工作报告也先后 5 次提到“营商环境”，提出了简政、减税、降费等一系列优化营商环境的重大举措。营商环境的优化，对于民间资本的发展，尤其是激发民间资本投资活力和创业创新潜力具有重要意义。在民间资本的市场准入领域，营造公平公正的准入环境主要表现为全面推行市场准入负面清单制度，禁止设置限制性的附加条件、歧视性条款和准入门槛，支持民间资本进入清单以外的行业和领域，以及使民间资本享受同等的准入标准和优惠政策等。这些措施很大程度上可以解决以往民间资本在市场准入时遇到的种种显性壁垒，如准入范围不清、准入门槛

① 陈婉玲：《公私合作制的源流、价值与政府责任》，《上海财经大学学报》2014 年第 5 期。

过高及所有制歧视。但是，民间资本在实践中遇到市场准入障碍还远不止这些。某些地方政府和司法机关存在着对民间资本的选择性执法和逐利性执法现象，有些甚至以刑事手段干预经济纠纷。有些政府部门则凭借自身的自由裁量权，对企业进行过度的监督检查与行政执法，给企业及其负责人的人身权与财产权带来威胁。还有些政府部门对民间资本避而不见，对民营企业进入市场的正当诉求与行政审批申请不管不问，以“廉政纪律”之名行“懒政”之实。这些行为不但严重损害了地方的营商环境，实质上也构成了民间资本市场准入的隐性壁垒，需要提出有针对性的举措予以解决。

上述这些行为，基本上都属于一些政府部门滥用行政裁量权的“乱作为”或“不作为”，如何解决此类问题在行政法的理论层面已有较为成熟的方案，主要是从强化行政自我监督和加强立法机关、司法机关监督的角度提出控制行政裁量权的相关建议。在实践层面，如何具体落实行政自律和自我监督，则有赖于各地方基层政府的改革创新。近几年来，为了进一步优化营商环境，解决企业和群众反映的突出问题，不少地方将下属各部门分散的营商环境资源力量进行整合，组建了专门的营商环境职能部门。这一机构改革的创新举措，是政府对自身市场监管及公共服务职能的优化调整，有利于打造市场化、法治化的营商环境，有利于推进国家治理体系和治理能力现代化，值得予以重点关注。

据统计，目前成立专门营商环境职能机构的地方，主要集中在东部沿海和东北地区。东部沿海省份中，浙江走在改革的前列，浙江省不但组建了省委全面深化改革委员会办公室，负责“最多跑一次”改革并进一步优化投资环境和营商环境，温州市和衢州市还分别成立了温州市营商环境服务监督局与衢州市营商环境建设办公室。东三省地区为了振兴经济，走出连续多年低迷的经济发展困境，优化软环境建设，从省级政府到市一级政府均普遍成立了营商环境建设的专门机构。例如，2017 年辽宁率先成立辽宁省营商环境建设监督局，是当时全国唯一的省级营商环境建设督查机构，此后在 2018 年的机构改革中将名称调整为“辽宁省营商环境建设局”，并从原来省工业和信息化委员会下属的部门管理机构升级为省政府直属机构。吉林与黑龙江也紧随其后，分别组建了吉林省政务服务和数字化建设管理局及黑龙江省营商环境建设监督局。在设区的市一级，哈尔滨、大庆、沈阳、锦州等地均纷纷组建了营商环境建设监督局。①

通过梳理和总结全国省级与地市级政府营商环境职能机构的基本情况，可以基本得出如下结论。首先，在机构的隶属关系上，营商环境职能机构大多隶属于某个政府职能部门，一般由经信委、发改委、市场监管局或行政审批局归口管理，设置为政府直属机构由一级政府直接管辖的情形相对较少。其次，在营商环境职能机构的组建模式上，各地大体上有两种方式。一种是在整合重组相关部门行政职能的基础上成立新机构，如黑龙江省大庆市将市政府办公厅的营商环境建设职责与其他部门的公共行政服务、公共资源交易管理、行政审批等职责进行整合，作为市政府的工作部门，承担全市营商环境建设、行政审批制度改革、行政审批管理和公共资源交易服务等职责。另一种是在原有机构基础上增加营商环境相关职能，如广西省南宁市成立行政审批局，加挂市营商环境建设局的牌子，温州市和瑞安市则在市招商局牌子上增挂市营商环境服务监督局的牌子。再次，在职责范围上，各地的营商环境职能机构承担的具体职能有一定差异。浙江和安徽将营商环境改善的重心放在商事制度改革方面，通过简化商事登记流程和

① 张丽圆、徐向南：《全国营商环境职能机构设置探究》，《中国建设信息化》2019 年第 5 期。

行政审批程序为市场主体提供便利。江苏和海南则着重营造公平竞争的环境，对妨碍统一市场和公平竞争的政策文件进行清理与废除，建立规范统一的市场监管规则，建立以信用监管为核心的新型监管机制。广东、天津及东三省地区将整合政务服务管理作为重点，注重数字政府建设，大力提高政务服务水平。吉林省将软环境建设工作纳入政府绩效和领导班子综合考核评价体系，重视企业感受，在考核中赋予民营企业的评议以更重要的权重。①

（二）营商环境职能机构的进一步优化

通过机构改革来推进国家治理体系和治理能力现代化，推进党和国家机构职能优化协同高效，是 2018 年启动的新一轮党和国家机构改革的基本目标，而“营造良好营商环境”和“推动高质量发展”，则是本轮机构改革希望取得的两项具有深度关联性的重要预设效果。②在 2018 年 2 月党的十九届中央委员会第三次全体会议上通过的《中共中央关于深化党和国家机构改革的决定》，将转变政府职能，深入推进简政放权，优化政府机构设置和职能配置作为深化党和国家机构改革的重要任务。文件特别指出，要通过机构改革“减少微观管理事务和具体审批事项，最大限度减少政府对市场资源的直接配置，最大限度减少政府对市场活动的直接干预，提高资源配置效率和公平性，激发各类市场主体活力”，“放宽服务业准入限制，优化政务服务，完善办事流程，规范行政裁量权，大幅降低制度性交易成本，鼓励更多社会主体投身创新创业。全面实施市场准入负面清单制度，保障各类市场主体机会平等、权利平等、规则平等，营造良好营商环境”。不难发

① 张丽圆、徐向南：《全国营商环境职能机构设置探究》，《中国建设信息化》2019 年第 5 期。
② 钱锦宇、刘学涛：《营商环境优化和高质量发展视角下的政府机构改革：功能定位及路径分析》，《西北大学学报》（哲学社会科学版）2019 年第 3 期。

现，本次机构改革希望通过更好维护市场自由竞争机制和完善公共服务管理体制，来实现“营造良好营商环境”和“推动高质量发展”之目标。因此，以优化、改善营商环境为己任的营商环境职能机构的设置，同样要以维护市场自由竞争机制和完善公共服务管理体制为指导，在后续的改革探索中不断完善其职能配置，以期更好完成改革任务。对于民间资本的市场准入而言，机构改革通过优化政府机构设置和职能配置所要达到的简政放权之目标，以及减少政府对经济活动的直接干预、激发各类市场主体活力、放宽准入限制、规范行政裁量权、全面实施市场准入负面清单制度和保障市场主体平等地位等具体要求，无不直指此前民间资本市场准入领域存在的各种顽疾。因此，营商环境职能机构的设立与职能配置优化，无疑也是本轮机构改革的内容之一，是完善与拓宽民间资本市场准入的组织保障，应当在行政组织法的框架下积极稳妥有序地推进。

1. 依法设立营商环境职能机构

《中共中央关于深化党和国家机构改革的决定》在“合理设置地方机构”这一部分，明确提出要赋予省级及以下机构更多自主权，增强地方治理能力，把直接面向基层、量大面广、由地方实施更为便捷有效的经济社会管理事项下放给地方，除中央有明确规定外，允许地方因地制宜设置机构和配置职能。基于这一要求，省级及以下政府无疑具有了一定程度的机构设置自主权，可以在确保党中央集中统一领导和国家法制统一、政令统一、市场统一的前提下，根据本地方特点因地制宜设置政府机构。根据文件这一对“自选动作”的授权，各地基于新形势与新任务，整合相关部门职能设置了一些新的行政机构，如地方金融监管局、大数据管理局、扶贫开发办公室及政务服务管理机构。这其中，北京、天津、河北、山西、内蒙古、江西等地都在整合推进“放管服”改革、权责清单编制指导、政务公开等职能的基础上，组建了政务服务管理机构或行政审批服务局，用以解决“放管服”改革实践中出现的多头管理、职责分散、缺乏协同等问题。[①]不难发现，政务服务管理机构或行政审批服务局与营商环境职能机构有着密切的联系，不少地方的营商环境优化与服务工作，正是依托前述机构展开，还有些地方的营商环境职能机构，是在前述机构的基础上转变而成或直接加挂牌子。[②]

从组织法的角度而言，不论是整合重组相关行政职能而成立的新机构，还是在原有某个机构的基础上增加营商环境相关职能后加挂营商环境职能机构的牌子，根据《地方各级人民政府机构设置和编制管理条例》的规定，都在地方各级人民政府的职权范围内。但是，行政机构的设置与职能配置应当遵守相应的法定程序。根据前述条例的第九条，地方各级人民政府行政机构的设立、撤销、合并或者变更规格、名称，应由本级人民政府提出方案，经上一级人民政府机构编制管理机关审核后，报上一级人民政府批准；其中，县级以上地方各级人民政府行政机构的设立、撤销或者合并，还应当依法报本级人民代表大会常务委员会备案。因此，各地政府组建的营商环境职能机构如能符合上述规定，其合法性应无疑问。不过，从精简机构的改革原则出发，新成立的营商环境职能机构不宜借此大幅扩张人员编制，造成新的机构臃肿。加挂牌子的做法由于挂牌机构不单独核定编制和领导职数，不是一级预算单位，一般不会产生上述问题。通过职能优化重组而新设的营商环境职能机构，则应遵循“编随事走”的原则，在本地方政府的人员编制总额保持不变的前提下，根据职责调整的需要将相应人员

① 张克：《省级机构设置自主权的实践路径与理论逻辑——以新一轮地方机构改革为中心的考察》，《中国行政管理》2019 年第 10 期。

② 例如，天津市人民政府政务服务办公室作为天津市政府直属机构，是天津市在本轮机构改革中新组建的政府部门，该机构同时加挂“天津市营商环境办公室”牌子，负责组织推动营商环境建设的相关事务。

编制从原机构调整至新设的营商环境职能机构。

2. 优化配置营商环境职能机构的行政职能

目前各地的营商环境职能机构所肩负的职责，除了打造优化营商环境之外，也根据本地方的经济发展水平和实际需求，在推进商事登记制度改革、营造公平竞争环境、建立统一的市场监管规则以及整合政务服务管理等方面各自发力创新，体现出不同的工作侧重点。这一因地制宜的工作思路不仅有效回应了本地方在营商环境建设上的主要需求与主要矛盾，也可以通过各地方的试验创新推出原创性、差异化的优化营商环境具体措施，充分实现地方之间在制度软环境上的竞争，最终以相互学习与借鉴的方式，共同提升政务服务水平与营商环境，是值得赞许的改革路径，在后续其他地方组建营商环境职能机构并开展工作的过程中，应继续予以坚持。

如前所述，营商环境建设中非常关键的内容之一，是鼓励、支持和引导非公有制经济的发展。对于非公有制经济在市场准入中遇到的显性壁垒如何破除，新近颁布的《优化营商环境条例》第六十一至六十五条进行了系统而全面细致的规定，如国家应及时进行立法和规范性文件的立、改、废；改革措施与现有立法规定冲突需要调整实施的，依法定程序经有权机关授权后，可以先行试验；制定与市场主体生产经营活动密切相关的立法或规范性文件时，应充分听取市场主体和行业协会商会的意见并向社会公开征求意见，同时还需作公平竞争审查；制定涉及市场主体权利义务的行政规范性文件，应当进行合法性审核，没有上位法依据时行政规范性文件不得减损市场主体合法权益或者增加其义务，不得设置市场准入和退出条件，不得干预市场主体的正常生产经营活动。同时，《优化营商环境条例》第六十九条还针对政府部门及其工作人员滥用权力损害营商环境或不履行优化营商环境职责的行为，要求依法依规追究责任。在第六十九条列举的情形中，诸如“制定或者实施政策措施不依法平等对待各类市场主体”，“违反法定权限、条件、程序对市场主体的财产和企业经营者个人财产实施查封、冻结和扣押等行政强制措施”，“不履行向市场主体依法作出的政策承诺以及依法订立的各类合同”，以及“变相设定或者实施行政许可，继续实施或者变相实施已取消的行政许可”等各项规定，都与民间资本市场准入中常见的隐性壁垒直接相关。因此，对营商环境职能机构来说，如何能有效执行法律规定，将条例的相关要求落到实处尤为关键，这便取决于地方政府如何最优化整合与配置相关行政职能。

根据我国《监察法》《公务员法》《关于实行党政领导干部问责的暂行规定》等现有立法及党内法规的规定，对行政机关及其工作人员不作为、乱作为行为进行追责的基本程序，是由监察部门、组织人事部门在收到线索后，按照权限和程序进行调查，再根据干部管理权限向问责决定机关提出问责建议。因此，对政府部门在民间资本市场准入领域作出的不作为或乱作为进行调查、处理的权限，主要归属于监察委员会、组织人事部门以及地方党委和政府。但是，如何发现违法行为的线索，就有赖于民众的举报、投诉，新闻媒体的舆论监督，以及其他国家机关提出或移交的问责建议。这其中，来自相关部门和单位在履行工作职责中提出的问责建议是违法线索的重要来源。本书认为，营商环境职能机构在现有职能的基础上，应当强化其营商环境建设监督检查职能，重点督查行政机关及有公共服务职能的单位和公职人员存在的作风问题、履职情况和工作效能。通过受理民众和民营企业有关市场准入方面的举报、投诉，以及营商环境职能机构的主动督查，确保地方政府推出的营商环境措施能够得到全面落实。如果能同时把查处营商环境建设中违法违纪行为的权力整合至该职能机构，将更有利于有效治理这些不作为、乱作为行为。此外，从提升部门权威和督查效力的角度出发，宜将营商环境职能机构从发改委、经信委或市场监管局等政府职能部门脱离出来，直接设置在一级政府之下，作为政府直属部门或组成部门。

第四章
外商投资的市场准入法制

改革开放以来，外资成为中国经济的重要组成部分。2018 年，中国吸引外商直接投资达到了 1 310 亿美元，居世界第二。2019 年前 11 个月，全国新设立外商投资企业 36 747 家，实际使用外资已经达到 1 243.9 亿美元。[①]在进出口方面，外资企业进出口接近全国进出口总额的 50%，在工业产值方面接近全国的 25%，提供了 20%左右的全国税收和约 10%的就业。[②]中国吸引与利用外资的成功，对于中国成长为世界第二大经济体功不可没。同时，中国的快速增长也为外资企业发展提供了良好的机遇，真正实现了互利共赢、共同发展。在这一过程中，外资准入的立法与政策被认为起到了基础性的作用。自 2013 年起，我国在自贸区开始试验的“准入前国民待遇”加“负面清单”模式，是新时代下中国对外资市场准入制度的一次重大变革。2019 年 3 月十三届全国人大二次会议上表决通过的《外商投

① 国家发展和改革委员会利用外资和境外投资司：《2019 年 11 月全国利用外商直接投资情况》，载国家发改委官方网站，https://www.ndrc.gov.cn/fggz/lywzjw/wstz/201912/t20191225_1216154_ext.html。

② 《发改委：中国将大幅度放宽市场准入　建设一流营商环境》，国家发改委副主任宁吉喆在十三届全国人大一次会议记者会上的发言实录，载中国网，http://finance.china.com.cn/news/special/lianghui2018/20180306/4560305.shtml，2019 年 12 月 29 日。

资法》，即在第四条明确规定了对外商投资实行上述新的管理制度。与此同时，外资市场准入制度的改革与完善仍在路上，负面清单的进一步修订和缩减，准入时的平等对待如何在外资企业生产经营的各个环节予以坚持，减少审批、资金更流畅地跨境出入等营商环境的便利化措施，都是下一步中国外资市场准入法制发展与完善的重要内容。

第一节　我国外资准入法制的发展历程

纵观改革开放以来我国外资准入的发展，基本是沿着“地区逐步放开—行业逐步放开—产业引导优惠—国民待遇以及引领全球化”的内在逻辑而展开。①从时间上看，外资市场准入法制的发展大致可以分为初期探索、快速推进、创新发展和主动进取四个不同阶段，每一个阶段都与社会主义市场经济体制建设的关键节点紧密结合，充分说明了对外开放之于中国经济发展的重要意义。

一、改革开放之初的探索期(1978—1991年)

改革开放之前，中国一度实行的是高度集中的计划经济体制，与世隔绝的状态使经济发展水平与世界的差距不断拉大。1978年党的十一届三中全会以后，中国对外开放政策开始确立，邓小平同志曾明确指出：“对外开放具有重要意义，任何一个国家要发展，孤立起来，闭关自守是不可能的，不加强国际交往，不引进发达国家的先进经验、先进科学技术和资金，

① 韩超、朱鹏洲：《改革开放以来外资准入政策演进及对制造业产品质量的影响》，《管理世界》2018年第10期。

是不可能的。”[①]1981年11月召开的五届人大四次会议的政府工作报告进一步明确指出：“实行对外开放政策，加强国际经济技术交流，是我们坚定不移的方针。”为了给外商投资信心，从制度层面保障外国投资者权益，我国在对外开放的伊始便十分注重立法层面的工作。首先是1979年7月的五届人大二次会议上通过了《中外合资经营企业法》，然后是1981年颁布的《涉外经济合同法》。到1982年12月，对外开放政策被正式写入我国宪法。1982年《宪法》在第十八条明确规定，国家“允许外国的企业和其他经济组织或者个人依照中华人民共和国法律的规定在中国投资”。此后在外商投资领域，我国又陆续颁布一系列重要的立法和政策文件，如1986年国务院发布的《关于鼓励外商投资的规定》（国发〔1986〕95号）和同年在六届全国人大四次会议上通过的《外资企业法》、1988年的《中外合作经营企业法》以及1991年的《外商投资企业和外国企业所得税法》。通过上述宪法和法律规定，外资准入的大门被正式打开，外商投资立法在中国初具体系。

在对外开放的方式上，我国采用的是梯度式的渐次开放与试错策略，首先从设立经济特区开始，赋予广东、福建等地方政府更大的外资准入管理权限和特殊优惠政策。在特区取得成功的基础上，国务院又开放了14个沿海港口城市，批准它们设立经济技术开发区，给予它们类似于经济特区的优惠政策，同样取得了巨大成功。此后，长江三角洲、珠江三角洲等沿海经济开放区陆续开辟，从点到面的对外开放新格局初步形成。尽管成就喜人，但是在这一阶段，外资准入的行业还十分有限，针对外商投资的各种限制条件很多，合作形式上以中外合资为主，外商独资的比例较低，这些都反映出我国在对外开放初始阶段的特点。总体而言，这一时期的外资准入

---

① 《邓小平文选》第3卷，人民出版社1993年版，第117页。

制度还处于摸索和不断调整的阶段。

二、对外开放的快速推进期(1992—2001年)

1992年邓小平的南方谈话，对长期以来一直束缚人们思想的某些重大认识问题作了深刻回答，把中国的改革开放和现代化建设推上了一个新的高峰，我国的对外开放事业进入快速发展期。同年举行的党的十四大上，正式提出了建立社会主义市场经济体制的目标。在政治不确定性消除后，中国迎来新一轮的外商投资热潮。据统计，1992—2001年间，中国的外商直接投资累计达3702亿美元，年均增长33%。①与之相对应，这一时期的外资准入政策也在各个方面作出了较大调整，不仅对外开放的区域进一步扩大，准入的行业与领域有了大幅放宽，外商投资的方式也在发生重要变化。

首先，对外开放的区域从沿海扩展到内陆，先是开放了长江的芜湖、九江等6个城市和设立长江三峡经济开放区，随后又陆续开放珲春、瑞丽、东兴等13个陆地边境城市以及内陆17个省会城市，形成了沿海、沿江、沿边及东西南北中多层次、多渠道、全方位的对外开放局面。其次，对外商投资逐渐从追求数量转向追求质量，外商直接投资的领域开始从一般加工产业扩大到基础产业、基础设施建设和高新技术项目，资本密集和技术密集的大型项目开始出现。原本限制外资进入的零售、金融、软件等服务贸易领域，也逐渐向外资开放。最后，在外商投资方式上，中国也开始放宽限制，外商独资企业逐渐取代中外合资企业，成为外商投资的主流方式。1999年以来在竞争性领域的国有企业改革中，甚至允许和鼓励外国投资者与国内企业合并或收购国内企业。②

---

①② 何适：《我国外商直接投资发展阶段》，载搜狐网http://www.sohu.com/a/308714426_120006447，2019年12月28日。

值得一提的是，为了使用明确的产业政策来引导外商投资的方向，利用外资来改善我国产业结构，促进产业结构升级，1995 年 6 月经国务院批准，原国家计划委员会、经济贸易委员会和对外贸易经济合作部联合发布《指导外商投资方向暂行规定》。在该部规章中，明确提出将外商投资项目分为鼓励、允许、限制和禁止四类，对不同类型的外商投资项目规定了差异化的管理措施，并要求定期编制《外商投资产业指导目录》。有观点认为，目录是中国对外商投资实施负面清单管理的最早的制度根源。[①]除了利用目录进行产业引导之外，国家还进一步利用目录方式进行外商投资的区域引导。2000 年 6 月，原国家经贸委、国家计委和外经贸部三部委共同制订了《中西部地区外商投资优势产业目录》，列出了中西部地区 20 个省（区、市）的优势产业，鼓励外商进行投资。通过积极有效地利用外资、国外先进技术装备、现代化的经营管理方式和国际大市场，有力推动了我国中西部地区产业结构、技术结构以及经济结构的转化和提高。

三、外资准入的创新发展期(2002—2012 年)

2001 年 12 月中国加入世界贸易组织后，根据世界贸易组织协议及中国的入世承诺，中国开始实施全面的对外开放政策，不但系统调整了原有的外商投资法律以及与世界贸易组织相关的其他国内法，还积极稳妥地在外资准入政策上进行逐步修正，扩大服务业的对外开放，鼓励外国投资者到中西部地区投资。在这一阶段，我国的外商直接投资保持着稳步增长的趋势，即使在 2008 年全球金融危机和 2010 年欧债危机的背景下，也未能改变这一基本态势。中国从对外开放和全球经济一体化中享受到了充分

---

① 韩超、朱鹏洲：《改革开放以来外资准入政策演进及对制造业产品质量的影响》，《管理世界》2018 年第 10 期。

的红利，开始成长为自由贸易的捍卫者和经济全球化的引领者。

市场准入是世界贸易组织基本法律文件“服务贸易总协定”的五大基本原则之一，是世界贸易组织协议的核心内容。[①]中国在加入世界贸易组织文件的附件九《服务贸易具体承诺减让表》中，对外国企业服务贸易及相关投资的市场准入作出了相应承诺。为了尽快适应与衔接世界贸易组织规则，兑现自身所作的承诺，一方面，全国人大及其常委会在入世前后陆续对《中外合作经营企业法》《外资企业法》《中外合资经营企业法》《商标法》《专利法》《著作权法》等多部法律进行了修改。尤其是对“外资三法”的修订，立法机关按照国民待遇原则，删除和取消了大量对三资企业在设立、生产与经营方面的限制性条件，极大改善了外资准入的市场环境。另一方面，2008 年开始施行的《企业所得税法》则改变了以往我国的企业所得税按内资、外资企业分别立法的模式，对所有企业统一适用新的企业所得税率与税收优惠政策，实现了公平税负，使外资企业原来享有的“超国民待遇”成为历史，进一步营造了市场经济条件下的公平竞争环境。

这一时期，外资准入立法与政策的引导作用得到了更为充分的发挥。2002 年 2 月，国务院以《指导外商投资方向规定》(第 346 号国务院令)这一新的行政法规，取代了 1995 年三部委联合发布的规章，即《指导外商投资方向暂行规定》。此外，通过对《外商投资产业指导目录》的多次修订，中国不仅向外资开放了更多产业，引导外资投向高新技术领域，服务业也基本实现了全面放开，只是保留了控股比例方面的限制。同时，《中西部地区外商投资优势产业目录》的修订，则更有效地发挥了外资准入政策的差异化区域引导作用。正是依赖于这些外资准入政策手段的创新运用，中国的外

① 廖志雄:《WTO 原则与我国企业市场准入制度改革》,《特区理论与实践》2002 年第 9 期。

商投资才在复杂的国际环境下仍然保持着较高速度的稳定增长，为中国在2010年超越日本，成为世界第二大经济体作出了巨大贡献。

四、对外开放的主动进取期(2013年至今)

2012年以来，我国经济出现了外贸出口大幅回落，内需增长缓慢，经济增速持续放缓的态势。在国际层面，由于世界贸易组织框架下的多边贸易谈判一直陷于僵局，美欧日三大经济体力图通过跨太平洋伙伴关系协议(TPP)和跨大西洋贸易与投资伙伴关系协议(TTIP)的谈判，形成新一代高规格的全球贸易和服务业规则，并有意将包括中国在内的新兴国家驱赶到国际贸易体系边缘，中国面临着“二次入世”的风险。为应对这些挑战，中国需要进一步完善开放型经济体制，用开放扩大内需，用开放形成倒逼机制，用开放推动新一轮改革。基于这一考虑，2013年8月国务院正式批准设立中国(上海)自由贸易试验区，希望通过自贸区的先行试点，在接轨国际的制度规则、法律规范、政府服务、运作模式等方面率先实践，为我国深化改革开放提供可供借鉴的“制度试验池”，形成一套可复制、可推广的做法以更好服务于全国。在上海自贸区肩负的各项改革试点任务中，外商投资管理体制改革是其重要内容之一。国务院在2013年9月发布的《中国(上海)自由贸易试验区总体方案》中，明确要求上海自贸区借鉴国际通行规则，对外商投资试行准入前国民待遇，探索建立负面清单管理模式。准入前国民待遇与负面清单管理模式一改此前中国对外资准入采取的正面清单和事前审批制度，标志着中国的外资准入制度在管理模式上发生了根本转向。

上海自贸区在外商投资管理体制上的改革思路，此后不断为中央政府所强调和推进。2015年5月5日，中共中央、国务院在《关于构建开放型经济新体制的若干意见》中，要求改革外商投资审批和产业指导的管理方式，向准入前国民待遇加负面清单的管理模式转变。意见还要求对《中外合资经营企业法》《中外合作经营企业法》和《外资企业法》进行修订，制定新的外资基础性法律，从而将规范和引导境外投资者及其投资行为的内容纳入外资基础性法律。2015 年 10 月，国务院在其发布的《关于实行市场准入负面清单制度的意见》(国发〔2015〕55 号)中，则首次将负面清单分为市场准入负面清单和外商投资负面清单，并指出外商投资负面清单适用于境外投资者在华投资经营行为，是针对外商投资准入的特别管理措施，制定外商投资负面清单应当与投资议题对外谈判统筹考虑。在此之后，国务院还陆续发布了一系列重要的政策文件，强调进一步吸引外资，扩大对外开放，优化营商环境。例如，国务院在《关于扩大对外开放积极利用外资若干措施的通知》(国发〔2017〕5 号)中，要求深化外商投资管理体制改革，推进对外商投资全面实施准入前国民待遇加负面清单管理模式，简化与外商投资相关的行政管理程序。在《关于促进外资增长若干措施的通知》(国发〔2017〕39 号)中，国务院除了继续强调全面实施上述外资管理模式外，还要求进一步减少外资准入限制，扩大市场准入对外开放范围，列举了需要持续推进对外开放的具体行业与领域，并明确了分工负责的相关部委，要求它们制定开放时间表和路线图。

前述文件在对外开放与外商投资管理体系领域的改革精神和原则要求，最终在 2019 年 3 月 15 日十三届全国人大二次会议表决通过的《外商投资法》上得以实现。《外商投资法》的出台，成为我国第一部真正意义上的外资基础性法律。它不但将此前颁布的三部外资企业法"三法合一"，而且在自贸区改革探索的成功经验基础上，将外商投资实行准入前国民待遇加负面清单管理制度明确作为外商投资的基本管理模式。《外商投资法》是我国第一次用法律的形式正式确立外商投资管理体制的根本性变革，极大提高了投资环境的开放度、透明度和可预期性，为推动我国形成全面开放新格局提供了更加有力的法治保障，对扩大对外开放和促进外商投资具有里程碑式的意义。

总览 2013 年以来我国外资准入法制的发展，可以用全面开放、制度性开放和自主开放三个特点来形容。特别是在 2008 年全球金融危机以后，某些经济大国及大的经济体出现了民粹主义、贸易保护主义抬头的现象，但中国却在对外开放方面主动进取，坚定不移。中国不但降低进口关税水平，自主开放了大量外商投资的新领域，还积极参与世界贸易组织改革，提出“一带一路”倡议，并从 2018 年开始举办中国国际进口博览会这一世界上第一个以进口为主题的国家级展会。这些都充分彰显了中国作为一个负责任的大国，正在努力推动建设开放型的世界经济，不断推动全球的贸易和投资体制的完善。①随着自由贸易区在国内的全面铺开和自由贸易港政策的实施，中国不仅向世界提供中国经济发展的经验，同时也向世界提供加快市场经济发展的法律规范。中国正在以自己的方式加快全球化进程，未来必将以现代化的法律制度体系吸引世界各国的投资者。②可以预见，在未来的扩大对外开放及外商投资管理体制改革进程中，中国绝不仅限于作为新的国际规则执行者被动应对。通过自贸区在外资准入法制领域的进一步试验，结合国内深化改革和产业升级情况，包括面对环境保护、劳工规则、竞争中立、知识产权等新兴的营商责任法治化敏感议题，中国都将更为全面和深入地参与国际规则的制定，提升自己在国际投资和贸易事务中的规则话语权与影响力，最终成长为国际规则的引领者。③

① 隆国强:《中国对外开放呈现三个重要特点》,《经济参考报》2019 年 9 月 11 日。
② 乔新生:《外商投资法的现实意义》,《上海法治报》2019 年 4 月 3 日。
③ 杨力:《自由贸易试验区外商投资法律体制改革评估》,《法商研究》2016 年第 5 期。

第二节　我国外资准入法制的主要问题

在自贸区率先开始尝试外商投资管理体制改革之前，长期以来我国采取的是内外资双轨制的管理模式，内资与外资企业在新设、合并、增资扩股等准入阶段所需遵守的条件、原则与程序都有所不同。这种差异会导致两种外资待遇，即高于本国投资者的超国民待遇和低于本国投资者的次国民待遇。[①]超国民待遇尽管乐于为外国投资者接受，但对于本国投资者却是不公平竞争，有违市场经济的基本要义。次国民待遇则由于违反了国际投资中基本的国民待遇原则，以及中国所参与签署的双边或多边投资与贸易协定中约定的国民待遇义务，更是易于引起外国投资者的异议，有引发国际投资仲裁的风险。

在我国的对外开放实践中，在 2008 年《企业所得税法》实施之前，外资企业一直享受着税收方面的众多优惠待遇，在企业所得税、进口设备关税及增值税方面都有中央层面立法与政策文件的支持。在地方政府层面，得益于各地为吸引外资而出台的种种优厚政策，外商投资同样也在诸多方面享受到高于国内投资者，尤其是民间资本的超国民待遇。但客观而言，不论是在投资的产业范围、企业设立要求、出资主体以及出资方式等准入条件，还是在项目审批、核准及国家安全审查等准入程序方面，外资都面临着远较国内投资者更多更复杂的限制，外商投资事实上存在着次国民待遇。即便在中国加入世界贸易组织之后，这种状况也只是得到了部分改善。当然，是否在准入阶段给予外资以国民待遇，是一国的经济主权，应当由东道

---

① 陶立峰:《国际投资规则视角下的上海自贸区外资管理法律制度研究》，法律出版社 2018 年版，第 45 页。

国自主作出决定。中国作为发展中国家，在维护本国主权和利益的基础上，采取符合本国国情的方法和路径实施外资准入，进行对外开放，是无可厚非的。在这一问题上，我国政府与学界有高度共识，即应当遵循我国改革的一贯逻辑，以循序渐进的方式实现经济自由化。具体到外资准入和国民待遇，则应首先逐步给予外资全面的准入后国民待遇，随着经济发展和国内产业的逐步成熟，采取有限的准入阶段国民待遇，待我国市场经济发展成熟后，再采取全面的准入阶段国民待遇。①因此，可以理解的是，即便在自贸区改革提出准入前国民待遇加负面清单的管理模式后，新的外商投资管理体制也不可能在一夜间完善。新旧模式之间的转换，不但需要克服理念上的重大差异，还需要面对如何执行落实以及配套措施的跟进与完善等诸多障碍。对此，需要将横亘在我国外资准入法制转型过程中的主要问题进行梳理和总结，为后续提出制度完善的建议指明方向。

一、法治理念亟待更新

(一) 准确认识政府与市场的关系

如前所述，我国的外商投资管理制度从一直以来实行的外资准入正面清单和事前审批制度，在很短时间内切换到准入前国民待遇与负面清单管理，不仅仅意味着管理模式的根本改变，在制度的背后更是法治理念的重大更新。如果不能从理念上及时完成转变，要实现外商投资管理体制改革的目标将注定举步维艰。

追溯我国改革开放的历史，不难理解在对外开放的初期，出于国家经济主权的考虑以及思想观念上对外资私有性质的担忧，为了避免对公有制

① 余劲松:《中国发展过程中的外资准入阶段国民待遇问题》,《法学家》2004 年第 6 期。

经济造成过大冲击，我国对外商投资实施严格管控和有限开放是极为自然的选择。因此，在外资准入制度的构建上，我们在准入程序方面采用了严格的逐案审批模式，在准入范围上则采用目录式管理，通过《外商投资产业指导目录》这一正面清单来列举鼓励、限制及禁止投资的产业。随着中国经济实力的不断增长和社会主义市场经济体制的完善，以及对外资促进、带动国民经济作用的认识不断深入，我国的外资准入法制也在持续进行调整，总体上呈现出渐进宽松的发展趋势，外商投资在市场准入的各个环节由严格管制渐变为放松或取消非必要性管制，准入范围不断扩张，审批程序日渐宽松。但是，外资准入基本的管理模式并没有改变，事前审批和正面清单仍然构成了外资准入管理的基本框架，而支持这一传统管理体制的法制理念，则是国家经济主权原则之下政府对市场与经济事务的绝对管制权力。

在深化改革与对外开放的过程中，传统外资准入管理体制的弊端愈来愈多地暴露出来，例如：准入审批中程序过于繁杂，审批权力时有滥用，有时则审批把关不严、流于形式；各地区为吸引外资而竞相出台的优惠便利政策标准不一，导致对准入制度的理解出现模糊和混乱等等。[①]这些问题的出现，既有行政审批制度不够完善、地方政府恶性竞争的原因，但更关键的，还是理念上对政府与市场之间的关系认识不够。在党的十八届三中全会上，政府和市场间的关系有了全新论述，市场在资源配置中所起的作用，从原本的“基础性”修改为“决定性”，虽然只有两字之差，但对市场作用的定性却是根本性的改变。习近平总书记精辟地指出，“提出使市场在资源配置中起决定性作用，是我们党对中国特色社会主义建设规律认识的一个

---

① 孙伯龙、王继荣、李晶：《竞争政策视域下我国外商投资准入制度的变革——兼论自贸试验区外资准入负面清单模式》，《科学发展》2017 年第 12 期。

新突破,是马克思主义中国化的一个新的成果,标志着社会主义市场经济发展进入了一个新阶段","准确定位和把握使市场在资源配置中起决定性作用和更好发挥政府作用,必须正确认识市场作用和政府作用的关系","二者是有机统一的,不是相互否定的,不能把二者割裂开来、对立起来,既不能用市场在资源配置中的决定性作用取代甚至否定政府作用,也不能用更好发挥政府作用取代甚至否定使市场在资源配置中起决定性作用。"①习总书记对政府与市场关系所作的上述论断,对于外商投资管理体制改革同样适用。

从计划经济时代转型而来的我国政府,实现一个开放、透明的服务型政府的目标还有很长的路要走。部分政府及其职能部门在行使公权力时过于肆意、任性,不愿意放弃手中的权力和利益,有关利益集团百般阻挠改革开放的深入推进,脑子里充斥着形式主义、官僚主义和保护主义思想。具体到外资准入领域,即表现为外商投资的禁止性、限制性行业规定过多,设置的市场准入壁垒过多过滥,审批程序复杂且缺乏透明度,种种隐性壁垒和行业潜规则层出不穷,严重扭曲了市场。这些问题的出现,归根到底是管理者对政府与市场关系的认识存在偏差,过于迷信和执着于政府的作用。因此,坚持十八届三中全会提出的使市场在资源配置中起决定性作用,就必须减少政府对资源的直接配置,减少政府对微观经济活动的直接干预,把市场机制能够有效调节的经济活动交给市场,从而推动资源配置实现效益最大化和效率最优化。对于外资准入而言,要想实现上述要求,有效处理好政府与市场的关系,就一定要改变政府掌控一切经济事务的旧观念,把政府不该管的事都交给市场,充分发挥市场作用。

① 习近平:《在十八届中央政治局第十五次集体学习时的讲话》,《人民日报》2014 年 5 月 28 日。

(二) 负面清单背后的法治理念

据学者考证,负面清单模式源于美式双边投资协定。在美式双边投资协定的开头部分,往往会规定在投资的新设、并购、扩大、管理、操作、营运和销售等方面,协定双方应互相给予对方完全的国民待遇和最惠国待遇,但不适用于双方在协定附件负面清单中明确列明除外的领域和活动。这一"准入前国民待遇加负面清单"模式在1994年生效的北美自由贸易协定(NAFTA)中体现得最为典型,但此后在多边投资协定谈判中却遭到了发展中国家的集体反对。[①]尽管如此,以美国为首的发达国家坚持在双边或区域性贸易投资协定中使用该模式,并将其作为新一代投资规则积极在双边或区域性投资协定谈判中推广。奥巴马政府还在其2012年公布的美国双边投资协定范本中,将"准入前国民待遇"和"负面清单"列为两大前提条件。由于发达国家的影响力以及双边和区域性协定的增长,不少发展中国家开始转变观念,主动或被动地在国内法和国际条约中采用了这一模式。

在负面清单模式兴起之前,国际上的主流外资准入模式其实是一种选择开放的模式,即东道国承诺部分开放的正面清单模式,世界贸易组织框架下的服务贸易总协定(GATS)使用的便是正面清单模式。由于正面清单列举的内容清晰且风险可控,大多数发展中国家在逐步实施对外开放的策略下,都倾向于首先选择正面清单的方式规定禁止、限制和允许投资的领域,并设置严格的事前审批程序,中国也不例外。由于在正面清单模式下,只有列入清单的领域才允许外国投资者进入,清单之外的产业或部门不得进入,因此其遵循的是"法无规定即不可为"的解释逻辑。与之相对,负面清单模式体现的则是"法无禁止即可为"的理念,遵循的是"除非法律禁止

① 王中美:《"负面清单"转型经验的国际比较及对中国的借鉴意义》,《国际经贸探索》2014年第9期。

的，否则就是法律允许的”解释逻辑。①尽管二者本质上都是实现贸易自由化的路径，理论上也能产生相同的投资自由化结果，但实践中根据经济合作与发展组织（OECD）的观察，负面清单模式相比于正面清单，具有自由化范围更大、透明度更高、可预见性更强的优势。②因此在国际层面，亚洲、拉美、中东的许多发展中国家，纷纷经历了外资准入管理的模式的转型，③但是反之，却没有任何国家将其“负面清单”模式转变为“正面清单”，这足以说明制度发展的基本趋势。目前，我国已经在自贸区成功试验的基础上，正式以立法方式确认了对外资准入实行负面清单制度，但如何深刻领会蕴藏在负面清单背后的法治理念，并通过制度设计与改革实践予以体现，最终使之成为外商投资管理部门和社会公众的普遍共识与常识，还需要继续付出努力。

二、准入前国民待遇有待进一步落实

国民待遇原本指的是一个国家和地区给予外国（地区）的自然人、法人以本国（地区）自然人、法人在经济和民事方面所享有的同等待遇。据考证，国民待遇始于12世纪的汉萨条约，是欧洲地中海一带的封建领主给予商团的一种待遇。1688年丹麦和荷兰缔结了最早有关国民待遇的双边协议。自1804年《法国民法典》第十一条规定国民待遇原则后，意大利、葡萄牙等欧洲各国纷纷在本国民法典中仿效，使国民待遇原则成为公认的准则。④

到今天，国民待遇原则已普遍进入国与国之间的双边协定，成为贸易

---

① 龚柏华：《“法无禁止即可为”的法理与上海自贸区“负面清单”模式》，《东方法学》2013年第6期。
② 李墨丝、沈玉良：《从中美BIT谈判看自由贸易试验区负面清单管理制度的完善》，《国际贸易问题》2015年第11期。
③ 王中美：《“负面清单”转型经验的国际比较及对中国的借鉴意义》，《国际经贸探索》2014年第9期。
④ 张国平：《外资准入前国民待遇加负面清单的法律解读》，《江苏社会科学》2015年第3期。

往来中彼此给予对方相应待遇的基本条款。随着经济全球化的推进，国民待遇原则更进一步从贸易延伸至投资领域，近年来频频被写入双边投资保护协议中，成为投资自由化规则的核心内容。国民待遇在外国投资领域主要体现在“准入”和“营运”两个阶段，前者即“准入前国民待遇”，是指在企业设立、取得、扩大等阶段给予外国投资者及其投资不低于本国投资者及其投资的待遇，而后者则通常被称为“准入后国民待遇”，是指外资企业设立后，在运营、管理、维持、使用等方面应享有不低于本国投资者及其投资的待遇。二者间的主要差异在于，“准入后国民待遇”的适用仅限于东道国政府承诺对外资开放的领域，未开放的领域就不能适用。但“准入前国民待遇”则是除了负面清单上明确禁止外资进入的领域外，其余所有领域都对外资开放。①相比较而言，“准入后国民待遇”由于正面列举的开放领域有限，且往往叠加以严格的投资审批制，因而对外国投资者明显不利，投资者面临着信息不对称所形成的种种显性与隐性壁垒。“准入前国民待遇”则要更为透明，除了负面清单明确禁止外资进入的领域外，其余所有领域都对外资开放。②正因为此，多数发展中国家尽管一开始对“准入前国民待遇”加负面清单的外资管理模式心存疑虑，担心本国的外资管理政策调整空间受到过度压缩，但在发达国家的压力及自身的理性选择下，“准入前国民待遇”加负面清单模式已较为普遍地被这些国家所接受。③

①② 胡加祥：《国际投资准入前国民待遇法律问题探析——兼论上海自贸区负面清单》，《上海交通大学学报》（哲学社会科学版）2014 年第 1 期。

③ 有观点认为，目前发达国家力推的准入前国民待遇加负面清单模式在法理上并不属于准入前国民待遇。否定（负面）清单其实是对准入前国民待遇的否定，或者说是原则肯定，具体否定。国际投资法领域的国民待遇通常是指准入后国民待遇，准入前的国民待遇要求外资在设立权方面和东道国国民完全一致，这种国民待遇实际上是不存在的，在本质上和国家经济主权的内涵相悖，在法理上缺乏依据，在国际投资实践中也难觅其踪。具体可见张国平：《外资准入前国民待遇加负面清单的法律解读》，《江苏社会科学》2015 年第 3 期。这种观点将国民待遇作了过于绝对的严格解释，忽视了准入前国民待遇与准入后国民待遇的关键差异，并未成为学界的主流观点。

与绝大多数发展中国家一样，我国之前在国内法的外资准入制度及参与缔结的双边投资协定中，采用的也是经营阶段的国民待遇原则。但是在2013年举行的第五次中美战略经济对话中，中美双方同意在准入前国民待遇和负面清单的基础上开展双边投资谈判。同年9月，上海自贸区公布了《中国(上海)自由贸易试验区外商投资准入特别管理措施(负面清单)(2013年)》，标志着我国开始在上海自贸区探索外资管理的“准入前国民待遇”。经过6年的改革试验与经验积累，2019年3月通过的《外商投资法》在第四条第一款明确规定，“国家对外商投资实行准入前国民待遇加负面清单管理制度”。该条第二款还进一步对准入前国民待遇及负面清单进行了定义。当然，立法确认了将准入前国民待遇与负面清单作为我国外商投资管理制度，并不意味着这一制度就已经完全在我国得以确立。客观而言，我国现行的外资准入管理制度在诸多方面，仍未完全实现对外资的准入前国民待遇。除了前述中国已经签订的双边投资协定外，在国内法针对外资设置的行政许可，以及限制或禁止外商投资的产业条目方面，均还有很大的改进空间。①以行政审批为例，虽然在自贸区改革后不涉及国家规定实施准入特别管理措施的外资企业设立及变更，已经由行政审批变更为备案管理，但改革显然尚不彻底，还有大量审批被保留。②这些仍然存在的行政审批，结合现有对外资的股比限制和其他政策壁垒，事实上架空了“准入前国民待遇”原则。此外，还需指出的是，负面清单的制定本身对于落实“准入前国民待遇”具有非常关键的意义。一份过于复杂、模糊、冗长的负面清单，将会使“准入前国民待遇”形同虚设。这一点，在上海自贸区最早

① 有学者对外资准入中的行政许可进行了细致梳理，详见庞明川、朱华、刘婧：《基于准入前国民待遇加负面清单管理的中国外资准入制度改革研究》，《宏观经济研究》2014年第12期。

② 例如，外资新设投资虽然不再需要行政审批，但外资并购却不在此范围内，以并购方式进行投资，其准入条件和程序仍需按审批制执行。参见陶立峰：《国际投资规则视角下的上海自贸区外资管理法律制度研究》，法律出版社2018年版。

发布的2013版负面清单上表现得尤为明显。当负面清单范围过广，限制的程度过深时，其实效并不一定会超越范围广、程度深的正面清单。[①]如果外资准入改革仅仅是将原有的正面清单改换一个名称，那么准入前国民待遇是不可能凭空实现的。

三、负面清单离高标准投资自由化规则还有差距

2013年9月29日发布的上海自贸区2013版负面清单共规定有一百九十条管理措施，其中禁止类38项，限制类152项。脱胎自《外商投资产业指导目录》的上海自贸区2013版负面清单，甫一问世便受到舆论界的广泛批评，认为其在重要领域的扩大开放乏善可陈，改革步伐迈得过小。[②]舆论与社会公众的失望并非毫无道理。将负面清单与《外商投资产业指导目录》相比较，可以发现清单中列举的限制产业和管制措施甚至比目录更为严苛。再进一步审视上海自贸区成立的背景，更加可以理解公众为何对自贸区负面清单抱有如此高的期望。

在2013年上海自贸区成立之前，世界贸易组织的多边谈判一度陷入僵局。为此，美欧日三大经济体先后发起跨太平洋伙伴关系协议、跨大西洋贸易和投资协议和诸边服务业协议等新一轮多边贸易谈判，力图形成新一代高规格的全球贸易和服务规则以取代世界贸易组织规则。相比于世界贸易组织规则，新一轮多边贸易谈判的主要特点包括：推行更高标准的贸易自由化；积极推进投资自由化；更加强调服务贸易自由化；更加强调公平竞争和权益保护。但是，发达国家主导的上述贸易谈判均将中国排除在

① 刘征峰：《负面清单、透明度与法治原则——兼评我国自贸区外资管理的路径改革》，《暨南学报》（哲学社会科学版）2018年第4期。

② 例如，可见马宇：《上海自贸区负面清单凸现根本缺陷》，《中国经营报》2013年10月14日；叶松亭、傅盛裕：《2013版负面清单还“不够过瘾”》，《文汇报》2013年10月14日。

外，一旦谈判达成，很可能将中国再次排斥到国际贸易体系的边缘。因此，中国急需对国际经贸新规则、新标准尽快展开试验，积累新形势下参与双边、多边和区域合作的经验，为与美国等发达国家开展相关谈判提供实证样本和依据参考，进而为我国参与国际经贸规则的制定提供有力支撑。①中美双方早在2008年6月美国马里兰州安纳波利斯举行的中美战略经济对话中，便已确定启动两国的双边投资谈判。2013年夏天，双方在美国华盛顿召开的第五轮中美战略与经济对话上取得了突破性进展，同意在准入前国民待遇和负面清单的基础上开展双边投资谈判。②可以看出，上海自贸区的成立及其负面清单的推出，均是服务于扩大对外开放，适应对接国际高标准经贸规则的目标。

2013版上海自贸区负面清单的不尽如人意，既有首次制订因而经验不足的因素，也与渐进式改革的思路有密切关联。考虑到激进改革可能带来的不确定性及高额交易成本，为了防范外资准入的风险及有效维护产业安全和经济安全，对外资的开放不宜一步到位，采取分步走、逐步放开的渐进策略，包括在负面清单中保留少部分产业的准入规制措施，具有较强的合理性。③纵观2013年以来各版自贸区负面清单的发展历程，从2015年开始由国务院统一印发全国版本的负面清单，统一适用于当时已成立的上海、天津、广东与福建四个自贸区，到最新的2019年版负面清单，全国外资准入负面清单条目已经由四十八条措施减至四十条，自贸试验区外资准入负面清单条目则由四十五条减至三十七条，可谓发生了翻天覆地的变化，我

① 刘畅：《上海幕后5问：设立自贸区有什么国际背景》，《新闻晨报》2013年9月29日。

② 叶慧珏：《中美战略与经济对话突破：双边投资协定进入实质谈判》，《21世纪经济报道》2013年7月15日。

③ 有学者基于新贸易理论，运用动态博弈模型演算验证了上述判断。详见陈林、罗莉娅：《中国外资准入壁垒的政策效应研究——兼议上海自由贸易区改革的政策红利》，《经济研究》2014年第4期。

国在外资准入制度的改革上正按计划进行有序推进。但是,我们也应清醒地认识到,尽管负面清单的篇幅不断缩减,其基本架构并没有发生大的变化。学界所批评的一些问题,如特别管理措施以股权限制为主、缺少措施这一基本要素、限制条件的描述不够充分、涉及行业范围过大等,均不同程度仍然存在。①此外,负面清单未能有效体现竞争中立,国家安全审查的标准模糊,以及与国内相关外资管理制度的衔接不够等问题,②也是客观存在的不争事实。这些不足与缺憾,虽然在一定程度上是我国外资管理体制从正面清单加准入后国民待遇过渡到负面清单加准入前国民待遇时的必然产物,但如果肩负改革探索重任的自贸区负面清单过分落后于国际高标准的投资准入规则,那么自贸区改革也就大大失去了其先行先试的意义,不论对中美双边投资协定谈判还是未来参与形成新一代高规格的国际经贸规则,都难以发挥其预期效用。当然,随着改革的深入推进,我们有充分理由相信负面清单的上述问题会逐一得到改善以至于完全解决,但这需要找准问题的成因,同时付出坚苦的努力,持之不懈的深化外资准入法制改革。

第三节　“一带一路”倡议下的外资准入法制建设

“一带一路”倡议是我国进入“新常态”发展阶段后所提出的世纪工程,其不仅意味着我国企业“走出去”,也体现在我国对外国资本的引入。因此,从外商投资引进的角度来看,“一带一路”倡议不仅有利于加强我国与沿线国家经贸投资往来,也有利于改善我国欠发达地区的基础设施建设,

① 李墨丝、沈玉良:《从中美 BIT 谈判看自由贸易试验区负面清单管理制度的完善》,《国际贸易问题》2015 年第 11 期。

② 孙伯龙、王继荣、李晶:《竞争政策视域下我国外商投资准入制度的变革——兼论自贸试验区外资准入负面清单模式》,《科学发展》2017 年第 12 期。

优化我国产业结构。更重要的是，这一倡议同时也在倒逼着我国现有外商投资准入制度的进一步变革。作为“一带一路”建设重要举措的自贸区建设，直接体现着我国在外商投资领域改革的最新动向，是我国对外开放与改革的桥头堡。自 2013 年上海自贸区成立以来，包括外商投资管理体制改革在内的诸多改革成果，已经形成一系列可复制可推广的经验，从自贸区向全国范围铺开，有力带动了中国的改革开放进程。但同时也须承认，在成绩显著之余，我国的外资准入制度还存在着很多不足，与国际高标准的投资自由化规则还有很大差距。正如习近平总书记在十九届中央全面深化改革领导小组第一次会议上所指出的那样，我们要始终牢记“改革只有进行时、没有完成时”。中国的外商投资市场准入法制建设，应当置于新时代中国特色社会主义事业发展的整体进程中，以坚定不移推动对外开放为基本目标，不断在制度的关键领域取得新突破，从而参与甚至引领国际经贸规则的制定。

一、运用负面清单的法治理念引领外资准入制度改革

如前所述，我国当前及未来很长一段时间内的外商投资管理体制改革，核心在于从准入后国民待遇与正面清单模式过渡到准入前国民待遇加负面清单模式。负面清单在我国的出现，不仅仅是外资准入管理模式的切换，更意味着制度背后法治理念的根本转变。在此过程中，负面清单制度需要不断加以完善，逐渐缩小与国际高标准规则的差距，落实准入前国民待遇原则。尽管目标已经明确，分步走的渐进式改革策略也获得了普遍共识，但仍需对指导和引领外资准入制度变革的基本法治理念作出更为充分的阐释，因为这是保证宏观上改革方向不偏离，以及微观层面制度改革创新的根本指引。

近年来，李克强总理在多个场合下反复指出，“负面清单”管理模式对市场主体而言，是“法无禁止即可为”，对政府则是“法无授权不可为”。[①]对市场主体采用“负面清单”方式进行管理，也就意味着对政府采用的是“正面清单”，即只有法律授权的才能做，法律没有规定的便不能做。这与我国政府以往的权力行使逻辑发生了重大改变。过去的政府在行使行政权力时基本不受限制，政策的权变性、随意性很大，对市场和民间的创新则习惯性予以干预和禁止，本质上是对自己实施“负面清单”，对市场和民间实施“正面清单”。[②]然而，这种行政权力的行使方式与社会主义市场经济体制是格格不入的，代表着政府对市场的粗暴干预甚至是践踏，当然也有悖于行政法治的基本要求。改革开放四十多年来，党中央和国务院以不同方式坚持不懈地推动着中国从高度集中的计划经济体制转向开放型的市场经济体制。与之相配套，法治政府建设也方兴未艾，当下的我国政府正稳步向一个职能科学、权责法定、执法严明、公开公正、廉洁高效、守法诚信的法治政府目标迈进。在此时刻引入负面清单制度并充分宣扬其法治理念，有助于更深刻地认识和厘清政府与市场的关系，切实转变政府职能，有效推进国家治理体系和治理能力现代化。

现代法治理念下，针对政府的“法无授权即不可为”，以及针对公民的“法无禁止即有自由”，是深刻体现与反映宪法上国家与私人主体间关系的基本命题。为了约束行政机关的权力行使并保障公民权益，现代行政法发展出了法律保留原则来落实宪法层面的这两项基本命题。在执法层面，法

---

① 例如，《李克强：在国务院第二次廉政工作会议上的讲话》，载中国政府网 http://www.gov.cn/guowuyuan/2014-02/24/content_2620261.htm，2020 年 1 月 20 日最后访问。

② 梁立俊：《负面清单、正面清单和混合清单——也谈授权与禁止的法理边界》，《理论视野》2014 年第 4 期。

律保留原则要求无法律即无行政，法无明文禁止公民即有自由。[1]尤其是在负担行政领域，当政府行为减损了公民权利或增加其义务时，必须受到法律保留原则的严格约束，如此方能实现依法行政之目标。显而易见，外国投资者作为外资准入管理行为的相对人，对其适用“法无禁止即可为”的负面清单模式不但更为符合现代行政法治理念，也隐含着将外国投资者与国内投资者在身份上一视同仁的“国民待遇”意味。因此，“负面清单”天然地与“准入前国民待遇”相匹配，成为当前国际上外资管理的主流模式。

有必要指出的是，在外资准入领域，“负面清单”模式刚刚得以确立，传统的“正面清单”尚未完全退出的情况下，基于“法无禁止即可为”的理念，可能会存在“法无禁止”和“法无授权”之间的“空白地带”问题，有学者将其称为法律规定的“沉默”问题。[2]如何解读“沉默”的意思表示呢？自上海自贸区开始实行的“负面清单”，遵循了我国外商投资管理制度的一贯逻辑，即不属于禁止或限制类外商投资项目的便归入允许类，因此，可以合理得出“沉默即为允许”的基本结论。这一推论的得出具有重要意义，它不仅与前述公法上的法律保留原则相一致，也可以有效压缩政府在外商投资准入中的“剩余决定权”，可谓是用法律约束政府权力、厘清政府和市场边界的典范。也正是因为看到“负面清单”模式所代表的先进法治理念与透明、开放、公平的重要制度价值，我国才在改革过程中将其不断引申和扩充，进一步将该模式同时适用于内资准入，提出打造内外资统一的市场准入负面清单制度并已开始付诸实施。

总体而言，基于“法无禁止即可为”理念之上的负面清单制度，具有一

---

① 具体可见叶必丰、王诚主编:《行政法与行政诉讼法》(第五版)，中国人民大学出版社 2019 年版，第 14 页。

② 龚柏华:《“法无禁止即可为”的法理与上海自贸区“负面清单”模式》,《东方法学》2013 年第 6 期。

系列传统管理模式难以比拟的显著优势，充分体现了从政府管理到社会治理、从政府高权到法律主治、从政府全面干预到市场自主调节、从政府导向到竞争协调、从本土精神到全球视野的法治精神。[①]负面清单的制度优势具体表现在以下三个方面：

第一，负面清单采用“排除法”将禁止或限制投资的产业以清单明细的方式告知外国投资者，对于清单之外的产业，政府无法再使用行政审批权为投资者设置准入门槛，只能努力去营造一个公平、开放、有序的市场竞争环境。可以说负面清单是“放权”思维的典型体现，它有效压缩了政府权力行使时的“自由”裁量空间，明确了政府行为的边界，将政府干预市场的权力真正关进了制度的笼子里。故而有学者指出，负面清单的“放权”思维与当下我国政府大力推行的权力清单所体现的“限权”思维相结合，具有完整的宪法意义和行政法意义。[②]它不仅仅是外资准入的管理方式，也应当成为包括国内市场在内的整体市场准入的基本管理方式。

第二，负面清单清晰划定了投资禁区，明显提升了政策透明度。外国投资者吃了这颗“定心丸”后，可以在清单之外的广阔领域自由驰骋，更好地行使自己的市场参与权和选择权，这有利于外国投资者形成稳定的政策预期，从而更充分发挥市场在资源配置中的决定性作用，激发市场主体活力。

第三，负面清单的实施，有助于彻底摒弃原有行政许可所体现出的“集权”思维，进一步推动行政审批改革，是转变政府职能的新突破口。通过非禁即入放松市场准入的前端控制后，被解放的行政资源可用于加强事中事后监管，推动外资管理部门从“重审批、轻监管”转变为“轻审批、重监管”，

① 可见张淑芳：《负面清单管理模式的法治精神解读》，《政治与法律》2014 年第 2 期。
② 杨海坤：《中国(上海)自由贸易试验区负面清单的解读及其推广》，《江淮论坛》2014 年第 3 期。

大大提高治理水平与能力。同时,负面清单不再对外商投资设置鼓励类目录,不对产业投资作出实质性引导,可以缓解产业集聚和扎堆现象,有助于解决产能过剩问题,更好发挥政府的宏观调控功能。①

正是在上述意义上,代表现代法治理念的负面清单制度不单是推动我国外资管理体制改革的核心驱动力,也是构建现代化开放型经济新体制的必要措施,是新时代推进高质量经济发展的关键,反映了新时代推进改革开放的新高度。②

二、积极稳妥推进落实准入前国民待遇

在我国《外商投资法》已经明确对外资实行准入前国民待遇,并且我国政府已经承诺在准入前国民待遇加负面清单的基础上与发达国家展开双边投资协定谈判的背景下,如何兑现承诺并切实执行法律规定,是后续外资准入法制改革的重要任务。长期以来,作为世界最大的发展中国家,我国不仅在实践中坚持外资准入的准入后国民待遇,理论界也为这一原则的正当性进行了充分论证,普遍认为准入前国民待遇虽然是未来发展方向,但现阶段仍需慎重对待。③因此,当下落实准入前国民待遇,不仅意味着我国外资管理体制的整体转型,也是我们在理念上对国民待遇原则认识的重塑。总体而言,推进落实外资的准入前国民待遇应采用渐进式改革的思路,是积极稳妥的办法,也符合我国改革试验的一贯逻辑。当下需要展开改革探索的主要内容,是围绕准入前国民待遇在实践中遭遇的障碍和主要问题,制订出时间表与路线图,进而有针对性地加以解决。

① 杨海坤:《中国(上海)自由贸易试验区负面清单的解读及其推广》,《江淮论坛》2014 年第 3 期。
② 夏先良:《当前深化负面清单制度改革的重大意义》,《人民论坛·学术前沿》2018 年第 14 期。
③ 例如,可见马永梅:《论外资准入阶段国民待遇与中国的实践》,《理论导刊》2005 年第 9 期。

目前，针对国民待遇原则扩张至准入前阶段后可能出现的问题，主要是丧失对外资的监管权的风险以及主管部门的监管能力的不足。对于前者，学界较为一致地认为，对外资的开放度提高后必然对我国政府的监管能力提出更高的要求，但这与东道国就此丧失外资监管权完全不同。①任何国家所承诺的准入前国民待遇，均不是无条件的，主权国家有权采取措施拒绝对本国不利的外资。为此，东道国在赋予外资准入前国民待遇的同时，一般会提出三类保留条款：一般例外、临时保障措施和以负面清单形式保留的不符措施。一般例外是指在不构成武断或不合理的歧视，或不会形成对国际贸易变相限制的前提下，东道国可以实行的政策性措施，如保护人类、动植物生命或健康所必需的措施，保护可用尽的自然资源有关的措施，以及与限制国内生产或消费一同实施的措施等。临时保障措施是指特定情况下，东道国可以撤销或停止履行某项义务以保障某种更为重要的利益。以负面清单形式保留的不符措施则是指东道国对外资采取的国民待遇、最惠国待遇以及其他义务的例外措施。②因此，充分利用好这些国际通行的例外条款与保留措施，特别是深入推进与完善现有的外资准入负面清单制度，将是未来一段时间外商投资管理体制改革的重点内容。这其中就包括作为负面清单配套实施制度的国家安全审查制度。对此，我们将在后文中加以详述。

对于监管能力不足的担心也并非多余。根据《外商投资法》第二十八条的规定，外资准入负面清单以外的领域，要按照内外资一致的原则实施管理，这意味着中国实施已久的外商投资审批体制将彻底宣告终结，目前

---

① 胡加祥：《国际投资准入前国民待遇法律问题探析——兼论上海自贸区负面清单》，《上海交通大学学报》（哲学社会科学版）2014 年第 1 期，第 70 页；庞明川、朱华、刘婧：《基于准入前国民待遇加负面清单管理的中国外资准入制度改革研究》，《宏观经济研究》2014 年第 12 期。

② 庞明川、朱华、刘婧：《基于准入前国民待遇加负面清单管理的中国外资准入制度改革研究》，《宏观经济研究》2014 年第 12 期。

还残存的相当数量的行政审批，需要在短时间内废除或变更为备案制。对于这一艰巨任务，我国目前正通过同步实施的其他制度改革来完成，包括同样从自贸区首先开始试验，现已在全国推广的商事登记制度改革，以及国务院近年来大力推行的“放管服”改革。对市场主体的前端控制放松后，监管的关口后移，这便对事中事后监管提出了很高要求。监管部门既需要提高识别和应对风险的能力，同时也须创新监管方式，提高监管效率。在这一方面，上海自贸区已经率先进行尝试，并逐渐形成了一套较有特色的事中事后监管制度，包括建立反垄断审查协助机制，建立综合监管整合信息系统，建立市场监管综合执法体系，加强社会信用体系建设，强化信用监督，以及推动社会组织参与市场监管运作，实现行业管理和自律。①

三、进一步完善外资准入的负面清单制度

如前所述，肇始于上海自贸区的负面清单制度，旨在进一步放宽外商投资准入，深入推进金融服务、电信、文化等专业服务业和先进制造业的对外开放，从而为中美双边投资协定谈判及新一轮高水平对外开放提供压力测试。因此，未来我国负面清单制度的改进与完善，必须以国际最高标准为标杆，努力补齐短板，缩小差距，走出一条与我国经济社会发展水平相适应的改革开放之路。鉴于“一带一路”沿线国家多为发展中国家，中国的外资准入负面清单制度的发展经验，更具借鉴和启发意义。

（一）以透明度原则引领负面清单的变革与完善

在中国，透明度原则进入人们的视野，始于 1986 年的申请“复关”。作为贯穿世界贸易组织规则的一项基本原则，它要求世界贸易组织各成员方

① 陶立峰：《国际投资规则视角下的上海自贸区外资管理法律制度研究》，法律出版社 2018 年版，第 102 页。

与贸易有关的法律、法规、司法裁判、行政决定等措施应当公开和透明，通过公开给予一切企业和个人以参与的机会，并且这些公开的内容及其变更还应当及时通知世界贸易组织相关机构。[①]透明度原则在世界贸易组织法律协议中具有极为重要的意义，可谓是世界贸易组织法律框架的核心原则之一。人们普遍认为，开放的市场必须提供透明的规则，贸易法律政策的透明化是消除变相贸易保护的重要工具，因为不透明的政策会制造出实际的贸易壁垒。在世界贸易组织法律规则的适用过程中，世界贸易组织上诉机构还不断对透明度原则的内涵进行扩张解释与强化，它甚至不再是单纯的法律或政策公开，还被认为包含了法律制度及实施中的正当程序及措施本身的合理性。[②]

透明度原则所拘束的，是世界贸易组织机构及其各个成员方政府。实质上是要求一方政府应尽可能明确和公开其贸易规则，特别是掌握有政策法规制定与执行权力的行政机关，更需要保证其有关贸易政策制定与执行的透明。因此，透明度原则所对应的，是行政法治中的行政公开原则。行政公开是现代民主政治的题中应有之义，其目的在于满足公民的知情权，实现公民对行政的参与和监督，以达到强化民主政治、防止行政腐败之功效。[③]著名的行政法学家王名扬先生曾言，“公开原则是制止自由裁量权专横行使最有效的武器”。[④]必须指出，中国加入世界贸易组织之后，透明度原则如同世界贸易组织法律框架下的其他基本原则一样，对中国国内行政法治的变革起到了巨大的推动作用。通过行政公开的制度建设，中国在加大政务公开力度、增强政策透明度、提升政策的可预见性和稳定性方面，近二

---

① 刘文静：《WTO透明度原则对我国行政公开制度的影响》，《江汉论坛》2004年第4期。

② 刘征峰：《负面清单、透明度与法治原则——兼评我国自贸区外资管理的路径改革》，《暨南学报》（哲学社会科学版）2018年第4期。

③ 周佑勇：《行政法基本原则研究》，武汉大学出版社2005年版，第263页。

④ 王名扬：《美国行政法》，中国法制出版社1995年版，第975页。

十年来取得了相当不俗的成就。尤其是2008年开始施行的《政府信息公开条例》,更是在满足公众知情权,建设法治政府和提高政府工作的透明度方面具有里程碑式的意义。

鉴于透明度原则在贸易规则体系中的重要作用,作为高标准对外开放模式的负面清单制度,无疑应在透明度方面有更高的追求,以此最大限度发挥负面清单的核心制度优势。同时,负面清单在透明度的提升上,还应尽可能参照国际上较为成熟的双边或多边贸易协定中的负面清单的做法,从而为当下及将来的双边或多边贸易投资协定谈判做好铺垫与准备,充分体现其先行先试的作用。

(二) 负面清单的完善路径

相比于国际高水平的投资负面清单,透明度是我国外资准入负面清单在后续改革与完善中亟待解决的核心问题。尽管从整体上看,现行负面清单还存在如产业分类标准与国际标准不够统一,缺少对可能出现反复的外资准入特别管理措施进行单列的附件等问题,但绝大部分引人诟病之处,均与透明度不足有或多或少的联系。正如市场准入的最大障碍不是各种显性壁垒而是隐性壁垒一样,在我国实施负面清单的最大难度不是外资准入权问题,而是管理措施的透明度问题。[①]就此而言,现行版本的负面清单要想对标高水平国际经贸规则,就必须抓住提升透明度这个关键,对现有版本的负面清单从基本结构到具体内容都下一番大功夫。基于这一考虑,未来我国外资准入负面清单的进一步完善,应从以下四个方面着手。

第一,负面清单所体现的“非禁即入”理念虽然在透明度上天然优于传统的正面清单管理模式,但是,负面清单的这一优势与其长度呈现出强烈

① 陈利强、屠新泉:《中国涉外经贸法治建构论——以中国入世与上海自贸区为视角》,《国际贸易问题》2015年第3期。

的负相关性。清单越长,限制越多,留给行政部门进行解释的空间就越大,制度的透明度优势就会显著降低。这正是为什么印度尼西亚、菲律宾和泰国等国虽然也在外资管理上采用了负面清单模式,但仍然备受诟病的主要原因。[①]因此,我国对于外资准入负面清单的后续修订,应坚持不断缩小负面清单条目的一贯趋势,避免倒退走回头路。

第二,透明度原则要求负面清单应当具有一定程度的稳定性,以此来形成外国投资者的预期和信赖。这里所说的稳定性,既指负面清单应受到法的安定性原则的约束,不得随意更改其内容,也包括外国投资者对负面清单形成的稳定预期。因此,前述我国负面清单在可预见未来保持不断缩小条目的趋势,也属于稳定性的一种体现。在双边或多边投资协定中,有关国家为了锁定不符措施条款,通常会在协定中采用“棘轮”机制,即约定不符措施只能放宽,不能加严。[②]国际法上的这一机制,值得我国负面清单在改革中加以学习和借鉴。虽然就法理而言,外资准入负面清单属于我国国内法的范畴,是一国主权范围内的事务,单方面增加负面清单中的某些特别管理措施不会影响到中国的国际法义务,但这种行为却会严重破坏规则的稳定性以及外国投资者的预期,进而严重伤害到负面清单的透明度,最终造成得不偿失的结果。

第三,透明度原则还要求负面清单应尽可能对其内容作出清楚、详细的描述,避免语焉不详给行政管理部门带来过多的解释和裁量空间。以2019年版全国及自贸区负面清单为例,它们沿用了“说明＋列表”的模式,在列表中列出了以行业大类标注的部门及特别管理措施。现有负面清单的

① 刘征峰:《负面清单、透明度与法治原则——兼评我国自贸区外资管理的路径改革》,《暨南学报》(哲学社会科学版)2018年第4期。
② 林爱民:《自贸区负面清单对标国际谈判投资准入规则制定》,《中国浦东干部学院学报》2015年第3期。

结构固然有内容简洁的特点，但对于外国投资者而言，却存在着诸多不易理解之处。比如在“说明”部分，负面清单在第五、六、七条均提到有关事项与相关措施按现行规定或相关规定执行，但现行规定或相关规定是哪些并未在“说明”中予以指明。在“列表”部分，现行负面清单相比于美版双边投资协定以及美墨加贸易协定（USMCA）中所附的负面清单，更是缺少了一系列重要的结构要素，如特别管理措施对其违背的正面义务的阐述，对应的政府层级，特别管理措施对应的法律依据，以及对特别管理措施的具体描述。①这些问题，都直接影响到现行负面清单的透明度。因此，在后续推出的外资准入负面清单修订版中，有必要对其作出重大的结构调整，既补充正面义务、政府层级、法律依据等缺失的结构要素，同时也需着力减少文字表述上的模糊性和不确定性，对限制的内容、方式等事项进行准确与精炼的解释。在这一方面，上海自贸区于 2017 年 6 月发布的《中国（上海）自贸试验区金融服务业对外开放负面清单指引（2017 年版）》已经作出了有益的尝试。该指引参照跨太平洋伙伴关系协议负面清单附件一的构成要素，对于 2017 年版自贸区负面清单金融领域的特别措施，详细列明了序号、类别、行业、特别管理措施、效力层级、措施来源和措施描述，其透明度和执行力度不亚于跨太平洋伙伴关系协定负面清单。②

第四，负面清单应参照国际高标准，建立起透明度方面的长效机制。例如，明确制定负面清单的程序及其法律依据；负面清单制定过程中应允许不同利益主体参与，并提供充分发表意见的时间和途径；负面清单制定后要在相应的官方刊物或网站上公布，并提供公众评论的机会；相关部

---

① 李思奇、牛倩：《投资负面清单制度的国际比较及其启示》，《亚太经济》2019 年第 4 期。

② 陶立峰：《对标国际最高标准的自贸区负面清单实现路径——兼评 2018 年版自贸区负面清单的改进》，《法学论坛》2018 年第 5 期。

门应设立咨询点，就负面清单及其实施的具体情况提供信息并负责及时作出答复。[①]这些贯彻透明度原则的具体要求，实质上在关税及贸易总协定(GATT)、服务贸易总协定(GATS)、与贸易有关的知识产权协议(TRIPS)、与贸易有关的投资措施协议(TRIMS)等世界贸易组织协定文件中都有相关规定，负面清单同样应予遵循。

① 李墨丝、沈玉良：《从中美 BIT 谈判看自由贸易试验区负面清单管理制度的完善》，《国际贸易问题》2015 年第 11 期。

第五章
“一带一路”倡议下我国市场准入法制的建设与推进

“一带一路”倡议是由中国主导提出的国际合作新议题，为“一带一路”的制度设计提供“中国方案”，是我们责无旁贷的任务。为了共同打造开放、包容、均衡、普惠的区域性国际合作架构和治理模式，中国需要在法治理念的引导下进行规则构建和实施，通过法制建设和实施聚合利益、凝聚共识。这种法制建设不但包括国际合作法律规范的构建，当然也包括国内法的完善。这其中，市场准入法制是一国对外开放水平与完备程度的标杆。深化“放管服”改革，打造市场化、法治化、国际化的营商环境，建立与国际通行规则相衔接的市场准入法制，有助于中国在“一带一路”合作中发挥引领和示范作用，更好地实现“一带一路”倡议所提出的政策沟通、设施联通、贸易畅通、资金融通和民心相通的目标。自上海自贸区设立以来，我国已经在市场准入法制的多个领域同时展开大规模的改革，成效极为显著。这些制度改革着眼于市场准入法制的不同方面，但相互具有内在的关联性，共同体现出我国市场准入法制的改革取向，即构建一套适应于我国市场经济发展需求的开放、平等、鼓励竞争的市场准入法制。当然，正在推行的这些改革试验，如商事登记制度改革、对外资的国家安全审查以及放松事前准入审批后的强化事中事后监管等，还远未到可言成功的阶段，制度探索还处于艰难地前行过程中，有待持续深入地推进与完善。

第一节 商事登记制度的进一步完善

我国的商事登记制度改革，最早可追溯到2012年广东省开展的加快转型升级、建设幸福广东的制度改革探索，其中便有关于商事登记制度统一化改革的内容。广东省的改革得到国家工商总局的大力支持，当年便在深圳经济特区和珠海横琴新区开始推行商事登记改革，并相继出台了《珠海经济特区横琴新区商事登记管理办法》和《深圳经济特区商事登记若干规定》。在深圳与珠海横琴开启的商事登记制度改革，成为后续其他地方乃至全国改革的重要范本。①

上海自贸区成立之后，商事登记制度改革走上了快车道。在国务院印发的上海自贸区总体方案中，便明确要求将工商登记与商事登记制度改革相衔接，逐步优化登记流程。国家工商总局为此专门出台了《关于支持中国(上海)自由贸易试验区建设的若干意见》(工商外企字〔2013〕147号)，在上海自贸区试行注册资本认缴登记制、“先照后证”登记制、年度报告公示制以及建立市场主体信用信息公示系统等一系列含金量极高的改革措施。上海自贸区围绕着上述领域展开的商事登记制度改革，在短时间内形成了

① 刘训智:《商事登记立法改革的背景、体例与内容》,《河南科技大学学报》(社会科学版),2015年第6期。

一套全新的商事登记规则框架，并迅速向全国其他地方传播和扩散，从而在全国掀起了一轮商事登记制度改革的热潮。几年来的改革实践证明，商事登记制度改革释放了我国经济蕴藏着的巨大潜力，有力促进了营商环境优化，为经济转型升级提供了新动能。然而，我国的商事登记制度改革还远未臻完善，继续深化改革的任务十分艰巨，我们需要在及时总结经验的基础上，针对已经暴露出来的问题作出有针对性的回应。上海自贸区作为本次商事登记制度改革的主要起源地，同时也是“一带一路”建设的桥头堡，无疑将是后续深化商事制度改革的尖兵。笔者将以上海自贸区为基础，同时结合其他自贸区的改革探索，对我国商事登记制度的下一步改革之路进行讨论，以此为“一带一路”倡议下我国市场准入的法制建设与完善提供助力。

一、自贸区商事登记制度改革之盘点

（一）商事登记改革创新的立法模式

上海、广东、天津和福建等四个自由贸易区，在商事登记制度改革方面的创新成就已为全国人民所认可。纵观四个自贸区在商事登记立法方面的规定，可以发现它们具有以下三方面特征：

1. 以国务院规范性文件先行引导

上海、广东、天津和福建四个自贸区在正式挂牌运营之前，国务院根据其地理位置、资源禀赋和战略发展目标不同，发布了各自贸区总体方案的通知，并在通知中搭建了各自贸区未来法制建设的框架。各自贸区的总体方案框架比较相似，但是具体内容和制度设计详略还是有所不同。在商事登记制度方面，广东自贸区的总体方案中关于商事登记的制度设计更偏向于微观，具有可操作性。上海、天津和福建自贸区的总体方案在商事登记的制度设计上，则侧重于宏观或中观政策的语言表达。①

2. 地方政府率先以规章方式推进自贸区商事制度改革

上海、广东、天津和福建自贸区都发布了相应的自贸区管理办法。虽然上海和天津的自贸区管理办法已经失效，但我们不能否定其在自贸区建立初期，为自贸区建设提供了有力的法律依据，同时，这些管理办法也是地方人大进一步出台自贸区地方条例时不可或缺的立法资源。以上海为例，上海市政府发布的《中国(上海)自由贸易试验区管理办法》(以下简称“《上海自贸区管理办法》”)共七章三十九条，在商事登记方面明确了注册资本认缴登记制、实行先照后证登记制度、外商投资负面清单和备案制度、一口受理机制、动态监管机制、企业年度报告公示、信用信息制度和监管信息共享等，从事前准入到事中事后监管都进行了框架性的规定。虽然这些制度并非上海自贸区首创，但是地方改革的推进需要依法进行，《上海自贸区管理办法》对商事登记的框架性规定，使相关行政执法部门能够在履行职权时有法可依，并且有力推进了相关改革的向前发展。

3. 自贸区商事登记规则缺少体系化规定

仔细梳理上海、广东、天津和福建四个自贸区条例，我们可以看到，这四个自贸区条例框架类似，对商事登记都没有进行专章规定，相关规则零星散落在投资开放、贸易便利和综合监管等章节中。还是以上海为例，《中国(上海)自由贸易试验区条例》(以下简称“《上海自贸区条例》”)共九章五十七条，涉及商事登记的法条共十二条，其中第六条对行政管理进行原则性规定，要求简政放权、放管结合，并推行告知承诺制度。第十二条至第十

---

① 例如，《中国(广东)自贸区总体方案》在主要任务和措施中，第一项任务就是建设国际化、市场化、法治化营商环境。这项任务由三方面的中观制度支撑，即优化法治环境、创新行政管理体制、建立宽进严管的市场准入和监管制度，在每项中观制度中都详细列明了微观操作措施。

七条主要规定了外商投资的登记制度，第三十六条、第三十九条至第四十三条主要规定商事登记事中事后监管制度。总体而言，各自贸区的商事登记法律制度没有形成体系化规定。

（二）商事登记改革创新的具体举措

尽管在立法模式与体例上遵循的是相同的路径，各自贸区在商事登记改革的创新措施上，却呈现出“百花齐放，争相斗艳”的局面。总结四个自贸区的商事登记改革措施，主要集中在四个方面：商事主体设立登记改革；商事主体注销登记简化改革；对商事主体进行事中事后监管制度改革；外商投资企业“负面清单”改革。

1. 商事主体设立登记改革

商事主体设立登记制度创新是近几年各自贸区创新的热点。设立登记制度改革，首先，从商事登记程序的简便化开始。例如，广东自贸区建立“一口受理、同步审批”的一站式服务模式，并在企业登记注册“三证合一”基础上，尝试“多证合一”。[①]福建自贸区创建网上审批信息共享机制，部分事项实施承诺备案制、探索行政审批与技术审查相分离机制，实施“容缺预审”制度。[②]同时，福建自贸区将复杂的投资项目审批手续分为四个阶段，每个阶段采取“一表申请、一口受理、并联审查、一章审批”的做法，避免行政审批人为低效，实行“超时默认”“缺席默认”法律责任倒查机制。[③]其次，企

① 所谓“一站式服务模式”，其实施内容包括推行行政审批标准化，编写行政审批办事指南和业务手册，优化、重组审批服务流程，减少不必要的环节和申请材料，细化量化审批裁量标准。在此基础上，依托实体、网上综合政务服务平台，实行审批和服务事项“前台综合受理、后台分类审批、审批限时办理、统一窗口出件”的“一站式”高效服务模式。具体可见《广东省人民政府关于复制推广中国（广东）自贸区首批改革创新经验的通知》（粤府〔2015〕127 号），载广东省政府网 http://www.gd.gov.cn/gkmlpt/content/0/144/post_144516.html#7，2020 年 2 月 3 日最后访问。

② 所谓“容缺预审制度”，就是在一口受理时，原则上申报材料要齐全，但是部分材料有所欠缺的情况下，为了提高工作效率，可以提前进入审查流程，同步推进，联合审批。

③ 福建自贸试验区办公室：《案例 2：投资体制改革“四个一”——从“并联审批”到“综合审批”》，载中国（福建）自由贸易试验区官方网站 http://www.china-fjftz.gov.cn/article/index/aid/2446.html，2020 年 4 月 20 日最后访问。

业住所登记制度也有创新。对于从事电子商务、软件开发等无需大面积生产经营场所的新兴行业企业，可以将同一办公场所中的具体编号的办公位置（工位号）登记为住所（经营场所），允许企业提供住所托管服务，将本企业住所作为多个企业住所进行集群登记。①最后是在商事名称核准上的创新。天津自贸区实施企业名称自主申报制，申请人按照企业名称登记规则，通过企业名称自主申报系统对拟定名称进行自主查询、比对、判断、申报。②上海自贸区建立企业名称负面清单，制定企业名称登记审查规范，推广完善可选用名称库，并加强企业名称保护和支持力度。③这一系列措施的实施，使企业名称登记程序简化，除了涉及前置审批事项，或者企业名称核准与企业登记不在同一机关外，企业名称不需要再预先核准。

2. 商事主体注销登记改革

自贸区不仅在商事主体注册登记方面简化流程，提高行政效率，以制度创新吸引商主体来投资，而且还针对实践中普遍存在的企业注销难问题，着力简化商事主体注销登记流程，创建简易注销登记制度。例如，2017年2月广东自贸区发布《中国（广东）自由贸易试验区南沙新区片区商事主体简易注销登记暂行规定》，详细规定了商主体简易注销登记流程，构建便利、快捷、有序的市场退出机制。该规定明确，适用于简易注销登记的商事主体包括有限责任公司、合伙企业、个人独资企业和个体工商户，同时规定上述商事主体如处于被列入企业经营异常名录或严重违法失信企业名单

① 《省人民政府关于进一步复制推广中国（上海）自由贸易试验区改革试点经验的若干意见》（黔府发〔2016〕28 号），载贵州省政府网 http://www.guizhou.gov.cn/zwgk/zcfg/szfwj_8191/qff_8193/201709/t20170925_822059.html，2020 年 4 月 20 日最后访问。

② 《天津市人民政府办公厅关于转发市市场监管委拟定的中国（天津）自由贸易试验区企业名称自主申报登记管理试行办法的通知》（津政办发〔2016〕51 号），载《天津市人民政府公报》2016 年第 11 期。

③ 《上海市工商行政管理局关于在浦东新区和自贸试验区开展企业名称登记改革试点的若干意见》（沪工商注〔2016〕203 号），载上海投资网 http://www1.shanghaiinvest.com/cn/viewfile.php?id=11422，2020 年 4 月 20 日最后访问。

等情况的，则不得申请简易注销登记。简易注销登记不要求企业办理清算人员备案和提交清算报告，只需在国家企业信用信息公示系统向社会进行公示，公示期无异议后即可向登记机关提交相关材料办理注销登记。采取类似改革措施的还有广东自贸区珠海横琴新区片区、海南自贸区、福建自贸区福州片区等其他自贸区及深圳、上海浦东新区等经济特区和改革试验区。①

3. 对商事主体进行事中事后监管制度改革

在完成先照后证改革后，各自贸区结合商事登记改革，纷纷开始着力构建事中事后监管体制。这其中，较具代表性的是2016年8月5日上海市人民政府办公厅印发的《进一步深化中国（上海）自由贸易试验区和浦东新区事中事后监管体系建设总体方案》（沪府办发〔2016〕30号）（以下简称《上海方案》）。《上海方案》在总结上海及全国改革创新经验的基础上，以构建权责明确、公平公正、透明高效、法治保障的事中事后监管制度为目标，改革监管体制、创新监管模式、强化监管手段，探索建立以综合监管为基础、以专业监管为支撑的监管体系，力图构建市场主体自律、业界自治、社会监督、政府监管互为支撑的监管格局。特别是在监管方式方法上，《上海方案》充分利用大数据、“互联网＋”等科技手段实施精准监管，以部门联动和信息共享为基础实施协同监管，以诚信管理为手段实施分类监管，以预警纠偏为导向实施动态监管，同时还加大监管基础平台建设力度，加强事中事后监管基础设施保障，切切实实将我国事中事后监管制度的改革探索向前推进了一大步。

① 例如，2016年10月21日，福建自贸区福州片区管委会和福州市市场监督管理局联合发布《中国（福建）自由贸易试验区福州片区企业简易注销登记管理办法（试行）》，载中国（福建）自由贸易试验区官方网站，http://www.china-fjftz.gov.cn/article/index/aid/4761.html，2020年4月20日最后访问。

4. 外商投资企业的“负面清单”改革

2013 年上海自贸区最先开始编制外商投资负面清单，对外资企业实施“准入前国民待遇”，并对清单外的外商投资企业从审批管理转为备案管理。2015 年开始，国务院办公厅印发《自由贸易试验区外商投资准入特别管理措施(负面清单)》和《自由贸易试验区外商投资国家安全审查试行办法》，并在四个自贸区统一实施，进一步减少了外商投资企业的投资限制，在自贸区形成与国际标准接轨的外商投资营商环境。自贸区关于外商投资管理体制的改革，倒逼外商投资目录的修订并最终促成了《外商投资法》的出台，这也是自贸区向全国复制推广的最具成效的商事登记改革内容之一。

二、自贸区商事登记制度改革之瓶颈

(一) 商事登记的基本立法缺位

现阶段我国自贸区推动的商事登记制度改革，主要是地方政府主导的结果。为了获得制度上的先发优势，各地竞相展开制度创新，呈现出激烈的制度竞争场景。但是，制度竞争带来创新收益的同时，也不免暴露出某些问题。首先，在商事登记制度改革中，地方政府积极转变政府职能之余，也在重新设定商事登记中商主体的权利义务。尽管从总体上说，改革的基本趋势是简化商主体的程序义务，放宽市场准入门槛，但是地方政府在商事登记改革中兼为改革推动者和改革对象，这种改革产生的双重身份，或存在一定的利益冲突，未必能使商事登记改革的所有内容均完全契合商主体的实质需求。其次，制度创新最终要以法治为依归，党的十八届四中全会上通过的《中共中央关于全面推进依法治国若干重大问题的决定》中指出，要实现立法和改革决策相衔接，做到重大改革于法有据。但是在商事登记改革领域，自贸区因为受地方立法权的局限，其制度创新能力难以突破既有立法的限制，实现以“法”驱动改革。尤其是商事登记改革的某些内容会涉及中央有关部委的职权，地方立法不能越权对部委的职权进行重置。①尽管国家不断出台中央层面的规范性文件对全国商事登记制度改革进行引导，但规范性文件的稳定性、连续性和权威性都还不足以使市场主体安心。再次，随着自贸区队伍的快速壮大，自贸区逐渐由稀有性向普惠性发展，并向自由贸易港转化，其所承载的战略目标，也必然由上海自由贸易区的“国家级开放战略”，逐渐演化为“区域发展空间战略”，直至“贸易的发展极”。②面对这一局面，国家层面“先行先试”的实质性支持政策的含金量，也必然会逐步消减。最后，在改革的绩效激励下，各自贸区商事登记改革措施的激烈竞争有时不免沦为简单的数字攀比。以登记制度改革中的“多证合一”为例，各地竞相超越，从“三证合一”到“五证合一”，发展到“十二证合一”③和“十五证合一”，④甚至飞跃至“二十二证合一”⑤和“三十二证合一”，⑥制度改革在某种程度上表现出片面追求“标新立异”的趋势。

（二）商事登记的属性思考缺位

党的十八届三中全会深刻指出，“经济体制改革是全面深化改革的重点，核心问题是处理好政府和市场的关系”。市场经济的发展需要具备两个基本要素：一个权力有限的政府和一个权利充分的市场。对于政府和市

① 荣振华、刘阳阳：《自由贸易试验区商事登记制度构建现状、反思及展望——从自由贸易港商事制度建设启示视角分析》，《上海对外经贸大学学报》2018 年第 2 期。

② 查建国、李玉：《深入学习贯彻十九大精神　积极推进自由贸易港建设》，载中国社会科学网 http://ex.cssn.cn/gd/gd_rwhd/gd_zxjl_1650/201711/t20171113_3739971.shtml，2020 年 4 月 25 日最后访问。

③ 张艾阳等：《辽宁自贸试验区三个片区怎样启航》，《辽宁日报》2017 年 4 月 11 日。

④ 叶田、陈丝柳：《江门创全国先河　发出首批“十五证合一”营业执照》，载江门政府网 http://www.jiangmen.gov.cn/zwgk/bdzx/201702/t20170224_766320.html，2020 年 4 月 25 日最后访问。

⑤ 赵振杰：《河南自贸试验区将全面实施“二十二证合一”改革》，《河南日报》2017 年 5 月 2 日。

⑥ 赵铭：《辽宁全面实施“三十二证合一”登记制度改革》，《辽宁日报》2018 年 7 月 3 日。

场的关系,党中央已经形成明确认识,即“使市场在资源配置中起决定性作用和更好发挥政府作用”。就此而言,我国的商事登记制度改革应折射和反映出上述政府与市场关系的定位。但是到具体的制度设计中,商事登记究竟应怎样还权于市场?简化设立登记程序、放宽事前审批和加强事中事后监管就等于还权于市场吗?这些行政主体自我革命的措施,也许只是触及商事主体需求的表面,没有触及商事主体的本质需求。我们需要从商事登记本身的属性来反思,商事主体到底需要怎样的商事登记制度。对于商事登记的法律属性,①学界见仁见智,有“公法行为说”“私法行为说”以及“行为混合说”等。②这些认知的不同,会对商事登记立法的理念产生“质”的影响。如果采取公法行为说,则商事登记这一行为附着于经济管制、市场准入、赋税和信息公示等功能,商事登记在效率与安全的价值选择上偏向于安全。相应地,这种认知自然会在商事登记的立法设计上加强商事登记部门职权,以维护社会治安和公共秩序,商事登记则不言自明地带有浓厚的行政色彩。如果采取“私法行为说”,认为登记源于一种习俗性的产权制度,其并不是出于任何人或者组织的理性设计,而是一种自发秩序形成的结果。③商事登记只不过是私权确认与信息统计功能的结合,那么,以此种理念设计的商事登记制度,登记部门的职责由经济监管向信息公示偏移,进而使公示与信息服务成为商事登记的核心功能。④如果采取“行为混合说”,则可能不仅没有真正解决商事登记制度的定性,⑤反而使商事登记性

① 此处的商事登记是在证照分离的前提下进行讨论,主要侧重于营业执照取得的商事登记。在我国证照分离改革的背景下,营业执照是商事主体资格取得的外观证明,该证明的取得,使商事主体可以从事一般性生产经营活动,而经营许可证是指需要从事特殊许可的生产经营活动的证明。

② 朱慈蕴:《我国商事登记立法的改革与完善》,《国家检察官学院学报》2004 年第 12 期。

③ See Bruce L. Benson, The Spontaneous Evolution of Commercial Law, Southern Economic Journal, Vol.55, 1989, pp.644—661.

④ 王令浚:《商事登记法律制度研究》,对外经贸大学博士学位论文 2007 年。

⑤ 邹小琴:《商事登记制度的属性反思及制度重构》,《法学杂志》2014 年第 1 期。

质变得更加模糊。因此，如果我们不能正确理解商事登记的属性，则会引发商事登记制度改革“只见树木，不见森林”，甚至可能会出现偏离改革初衷的“商事登记措施”。

(三) 制度创新的“碎片化”

细观各自贸区的商事登记改革创新举措，我们不难发现，自贸区的商事登记制度变革更多的是行政引导下的变革，或者可以称为行政的自我革命。从“三证合一”到“多证合一”的执照革命，从“一表受理”发展至“承诺备案制”，再到“容缺预审”制度和“超时默认”“缺席默认”及法律责任倒查机制，各自贸区在商事登记制度改革上不断推陈出新，这固然是积极的一面。但从另一个角度思考，这种行政引领的商事登记制度变革不免出现碎片化局面，很容易沦落为单纯满足政绩需求而忽视制度改革的整体性与系统性。诚如某些地方执法者所形容的，“行政创新眼花缭乱，执法干部忙得团团转”。[①]这种片面追求商事登记改革方法和手段的创新，忽视制度结构性变革的思考，很可能使商事登记制度改革走向“碎片化的散沙状态”，最终无法真正实现商事登记制度改革之目的。

商事登记制度改革的核心是激发市场活力，优化服务，营造良好的商业环境。激发市场活力与优化服务需要从商主体需求的视角来进行考量，商主体对商事登记的需求到底是什么？何种服务是商主体最迫切需要的？同时，优化服务是从政府本身的改革入手，但优化服务的改革能否为基层执法者所理解和接受，并达到真正的“优化”？理想状态下的优化不是行政机构的物理性整合，而是整合后能够产生化学反应，达到真正的合力，这也是政府在商事登记改革需要反复斟酌的议题之一。然而，现有的政府引导

① 王利平：《地方制度创新的困境与路径——以福建自贸试验区建设为例》，《中共福建省委党校学报》2016年第10期。

下的“碎片化”商事登记改革似乎并没有从商事主体视角进行思考，而是忙于措施创新，进而使自贸区的商事主体不断处于“被改革当中”。从事商事登记的执法者，也同样在规范性文件的引导下忙于执法工作，无从关注商事登记中的真正痛点，难以倾听商事主体的真实心声。

三、自贸区商事登记制度之重塑

（一）厘清商事登记制度的属性与功能

对商事登记制度的本质属性与功能进行讨论，正本清源，对于我们思考社会主义市场经济体制下应当建立何种形式的商事登记制度具有重要的指导意义。目前，我国学界对于商事登记行为的性质问题，主要有以下三种认识：第一，公法行为说。该观点认为，商事登记是国家利用公权力干预商事活动的行为，因而是一种公法上的行为，这是商法的公法性最为集中的体现。[①]第二，私法行为说。这种观点将公司设立登记视为一种民事法律行为，即民事许可，其理由在于，一方面，并不是所有行政机关作出的行为都是行政行为。另一方面，商事登记的法律效果是使公司取得私法主体资格。[②]第三，复合行为说，即公法行为与私法行为混合说。该观点认为，商事登记包括了两个方面的含义：一是国家的管理监督措施，即国家对商事营业实施行政管理而采取的登记措施。二是当事人实施的法律行为，即为了商事营业的设立、筹办营业的自然人或行将营业的组织体获得商业主体资格，以及为了商事营业的变更、终止等登记事项，当事人向登记主管机关所实施的具有商事性质的法律行为。[③]相应地，对商事登记行为本质属性的

---

① 范健主编：《商法》，高等教育出版社、北京大学出版社2011年版，第66页。
② 蒋大兴：《公司法的展开与评判——方法·判例·制度》，法律出版社2001年版，第376页。
③ 寇志新主编：《商法学》，法律出版社1996年版，第63—64页。

认识角度不同,便会对商事登记有不同的定义。例如,从私法层面强调商主体因登记行为产生身份变化时,商事登记被界定为“商主体基于自由意志而请求商事登记机关对其主体身份予以确认、变更、注销,或依法定条件、程序注销该主体身份,并借助登记机关提供的信息平台予以公示的一种法律行为”。[①]

笔者认为,商事登记制度改革是我国经济体制改革的重要组成部分,对商事登记制度属性的理解和认识,不能脱离经济体制改革的基本目标与根本任务。如果说在计划经济时代,商事登记侧重于强调国家对经济主体的管控和严格的准入审查,那么在新时代下,商事登记制度应放在政府与市场关系的架构下重新予以解读。为了充分彰显“使市场在资源配置中起决定性作用和更好发挥政府作用”,我国商事登记制度改革贯彻与体现的是“宽进严管”的理念。商事主体的市场准入以“宽进”为目标,新型政府监管制度构建则体现的是“严管”,从而推进政府监管由强调事前审批转为注重事中事后监管,推动政府职能转变。“宽进”意味着政府最大限度开放市场的大门,使符合基本条件的商主体能够顺畅进入市场开展经营活动,并由市场来决定商主体的生死存亡。登记机关的职能则从原有的严格前端管控转变为登记服务并向社会公示公信。如此一来,登记机关的行政管治色彩被大大弱化,商主体的自主自治和市场的调控与资源配置作用成为主导。

从商主体的视角来看待商事登记行为,其固然是登记主管机关以公权力对商事私法行为及其营业状态、主体地位的法律确认,但在此过程中,当事人对营业种类、经营范畴、投资方式、营业期限等登记事项同样有根据自

---

① 赵万一、王兰:《私法视域下商事登记的重新解读》,《河北法学》2009 年第 6 期。

身意愿进行选择的自由,①私法意义上的功能亦难以否认。因此,与其争议商事登记行为的本质属性究竟为公法行为还是私法行为,抑或是二者的混合,还不如从不同角度对商事登记行为所具有的价值和功能作出描述,并据此进一步思考商事登记改革的未来走向。需要强调的是,我国的商事登记模式既然选择了行政主管模式,由行政机关运用公权力干预商主体的商行为,其公法属性和功能是不容抹杀的。我国现有的行政法律制度已经对商事登记行为有了明确的定性,行政许可和行政确认的具体行政行为模式可以有效涵盖相关的商事登记行为,对登记行为侵害商主体权益的,行政诉讼制度也能够有效提供救济。因此,未来商事登记改革于公法层面,应更多思考如何放松规制,简化行政程序,借助“放管服”改革更多凸显登记机关的服务功能,减少对商主体不必要的干预。商法视角下的商事登记,强调的是商主体通过登记主管机关的审查,将法定登记事项登载于登记簿并公之于众,其目的在于维护市场秩序和交易安全,至于登记主管机关是行政部门还是司法机构,对登记的公示公信作用而言并无本质差异。基于商事登记的私法性,适当放松市场准入,鼓励人们设立更多的商主体进入市场,并同时赋予商主体更加宽泛的登记选择权利,进一步突出和彰显登记的公示功能,便成为后续商事登记制度改革的应有之义。

(二) 坚持效率优先兼顾安全的商事登记制度价值观

效率与安全,是现代商事登记制度的两大核心价值。基于前述对商事登记制度属性和功能的讨论,笔者认为,在“宽进严管”的理念指导下,为了使市场和政府更好地发挥作用,激发市场活力,营造良好的营商环境,应当在后续商事登记制度改革中,毫不放松地坚持以效率和安全为制度的根本

---

① 朱慈蕴:《我国商事登记立法的改革与完善》,《国家检察官学院学报》2004 年第 12 期。

价值取向，并坚持效率优先兼顾安全的制度价值观。

1. 以效率为价值取向

诞生于经济转型期的我国商事登记制度设计，有过于强调政府管理的一面，通过强制登记、大范围采用核准制、实质审查及过度赋予的行政裁量权等方式来确保和维护安全价值，但严重忽视了登记制度蕴含的效率价值。[①]在市场经济下，效率是根本法则，是商事主体的最大价值追求。通过妥当设置登记事项，合理构造登记审查方式，并适当简化登记程序，能够达成降低商事主体构造成本及经营成本的预期效果。首先，商事登记通过将商事主体创设的信息记载于登记簿册，并以公权力的信用保障设立登记事项的真实性、合法性与有效性，在便捷交易相对人及有关部门查询的同时，亦可降低相关信息收集成本，具有降低商事交易成本的行为效能。其次，商事主体的设立登记作为其全部经营活动的逻辑原点和重要组成部分，必然要求以彰显效率价值为行为指向。通过改进设立登记程序、降低注册费用、缩短注册时长来提高商事活动的效率，为社会整体节约交易成本。[②]因此，商事登记制度改革以效率为价值自无疑义。对效率的追求，应当成为商事登记制度的首要价值取向。

2. 以安全为价值取向

交易安全是保证商事活动营利目的实现的基本条件。商事登记制度之所以出现，恰恰在于市场主体可利用登记公示的信息判断交易对手的信用，进而维护交易安全。因此，保障安全当然是商事登记制度的基本价值目标。总体而言，我们认为公示主义、外观主义和责任追究机制能够较为

---

① 冯果、柴瑞娟：《我国商事登记制度的反思与重构——兼论我国的商事登记统一立法》，《甘肃社会科学》2005 年第 4 期。

② 据报道，商事登记制度改革一年来，节约的社会总成本高达 123.65 亿元。详见蒋梦惟：《前三季度我国日均新设企业 1.65 万户》，《北京商报》2017 年 10 月 15 日。

充分地实现与保障商事登记制度的安全价值。第一,"公示主义"原则是指"商事登记机关将已登记的有关事项,以规范格式登载于事先确定的布告栏、报纸、期刊等之上,向社会公众公开,使众所周知,从而保护商事交易的快捷与安全"。①除在指定报刊公告外,其他常态化的公告方式还包括:查阅、誊抄、提供复印件、登录网站查询等。第二,"外观主义"在法德等大陆法系国家又称"外观法理",英美法系则称之为"禁反言",指的是以交易当事人行为的外观为准来认定行为产生的法律效果。外观主义原则实质上表现的是登记的公信效力,即公司事项一经登记公告应推定其具有相应的法律效果,善意第三人根据登记事项所为的行为应当有效,即便登记存在瑕疵。②第三,"责任追究"是指欲为商事者或登记机关为不实设立登记,致登记事项与真实情事存有差异,与之交易者合理信赖登记簿册承载的相关内容致利益受有侵越时,经登记创设的商事主体均应就自身或登记机关过错承担赔偿责任,而不问其主观意愿如何。即便是登记机关过错致损交易相对人,亦先由商事主体赔付。待赔付后,再由登记机关在过错范围内向商事主体承担责任。此处针对商事主体的责任追究,实质上秉持了无过错归责原则。③

需要指出的是,商事登记中安全与效率的价值取向历来存在着矛盾与冲突,如何权衡二者是世界各国在商事登记立法中共同面临的问题。过度注重安全,必将大大提高商事登记成本,使大量商事活动主体逃避登记,限制商事自由。反之,一味强调效率而忽视安全,也会形成各种不实登记的乱象,给商事交易安全埋下隐患。④尽管如此,我们还是必须承认,商事活动

---

① 吴长波、朱明月:《商事登记的界定及其价值取向》,《河南省政法管理干部学院学报》2009 年第 5 期。

② 王远明、唐英:《公司登记效力探讨》,《中国法学》2003 年第 2 期。

③ 李镇:《商事主体设立登记研究》,吉林大学博士论文 2011 年。

④ 商事登记制度改革之后,由于登记程序简化,冒用他人身份信息取得公司登记的现象在全国各地较为频繁地出现,严重侵害了被冒用信息者的合法权益。为此,国家市场监管总局在 2019 年 6 月 28 日专门发布《关于撤销冒用他人身份信息取得公司登记的指导意见》(国市监信〔2019〕128 号),对市场监管部门撤销冒名登记的工作进行了较为细致的部署。

的目的在于追求最大经济效益，最大限度增加个人与社会财富，因此，追求效率应当是商法的首要价值。我国原有的商事登记制度过于追求交易安全，但严苛的登记审查之下，商事主体的灵活经营大受影响，加剧了设立阶段的主体资格矛盾，造成公司虚假出资、抽逃资金的现象普遍存在。从上海自贸区开始的商事登记制度改革率先开始了从安全优先向效率优先的转变，注册资本认缴制、先照后证、外商投资广告企业项目备案制和企业设立“一口受理”制都是价值取向转变的显著标志。[①]后续的商事登记制度改革，必须继续坚持效率优先兼顾安全的制度价值观，实现与发达国家商事登记制度的早日接轨。

（三）以立法形式保障自贸区商事登记制度改革

以 2013 年上海自贸区启动商事登记制度改革为起点，全国各自贸区围绕商事登记制度展开了一系列试验创新，取得了丰硕的成果，改革经验迅速在全国推广。后续的商事登记制度改革如何进一步完善，固然有待于各个改革试验区的先行先试，但在适当时机以立法的形式将已有改革成果固化，将有利于商事登记制度改革的积极稳妥推进，充分发挥法治的保障作用。

笔者认为，在全面深化改革和全面推进依法治国的时代大背景下，商事登记制度改革需要更加注重立法上的顶层设计，实现商事登记制度改革与商事登记立法的同频共振，将制度改革与商事登记立法有效衔接。基于此，有学者认为我国应出台全国的自贸区法，并在该法中对商事登记进行专章规定，为自贸区商事登记提供专业有效、稳定可靠的顶层法治保障。[②]由法律作出统一规定的优势在于，可以有效避免后批复的自贸区就是否享

---

① 杨峰：《上海自贸试验区商事登记制度的改革与完善》，《法学》2014 年第 3 期。

② 李猛：《中国自贸区国家立法问题研究》，《理论月刊》2017 年第 1 期。

有先批复自贸区的优先权政策的疑问，避免国家层面以不断出台规范性文件的方式“因事因地”调整商事登记制度改革，防止改革碎片化。①原有的调整方式在自贸区建设初期，因自贸区数量相对较少，尚能发挥相应作用，可以点对点指导制度建设。但是随着自贸区的密集批复，国家层面再“因事因地”地调整商事登记改革，不仅力所不及，而且也易于造成不平等对待的质疑和制度改革上的不当竞争。因此，由中央出台专门的自贸区法是较为适宜的选择。至于该法基础的问题，商事登记制度改革以来中央层面和各个自贸区先后出台的众多文件可以为该法提供充分的立法资源和经验储备。

在中央层面的法律尚未出台前，改革试验区应当充分运用自身的地方立法权为商事登记制度改革保驾护航。尽管面临着立法权限上的制约，但结合本地方的资源禀赋、地缘优势以及商业发展特点，地方立法仍能找寻到相应的立法空间，确立适合激发商业活力的商事登记地方立法。尤其是经济特区，应当充分利用《立法法》赋予的特区立法权及特区立法独有的变通权，为改革的突破创新提供法律依据。以深圳和珠海特区为例，2012 年《珠海经济特区横琴新区商事登记管理办法》和《深圳经济特区商事登记若干规定》的颁布，在商事登记立法上率先进行了尝试，成为全国改革商事登记立法的重要范本。至于改革中仍然存在的分散立法、行政主导与部门立法、完整的商事主体制度欠缺等问题，②则需要在后续改革中不断加以完善。③

① 荣振华、刘阳阳：《自由贸易试验区商事登记制度构建现状、反思及展望——从自由贸易港商事制度建设启示视角分析》，《上海对外经贸大学学报》2018 年第 2 期。

② 刘训智：《商事登记立法改革的背景、体例与内容》，《河南科技大学学报》(社会科学版)2015 年第 6 期。

③ 上海自贸区为了营造世界一流的营商环境，邀请外企对商事登记规则“挑刺”，这或是弥补立法中行政主导之缺陷的一种可资借鉴的思路。季明、何欣荣：《上海自贸区邀外企“挑刺”对问题“照单全收”》，《中华工商时报》2020 年 4 月 26 日。

第二节 国家安全领域的市场准入修正

2019年3月《外商投资法》的通过，标志着我国外商准入管理体制的重大转型。该法不但确立了对外商投资实行准入前国民待遇加负面清单管理制度，而且建立了一系列外资管理方面的配套制度，如外资并购的经营者集中审查、外商投资信息报告制度以及外商投资安全审查制度。这其中，外资安全审查尤其受到关注。自从2013年上海自贸区开始试行负面清单制度以来，如何通过配套制度的实施来有效控制负面清单“非禁即入”可能带来的外资风险，一直是坊间议论的焦点。在双边投资协定中，普遍存在着可由东道国自主作出判定的国家安全特殊情况的例外条款，发达国家也基本制定了本国的国家安全审查立法，可见国家安全审查制度作为一种防御机制对于东道国自我保护所具有的重要作用。就外资市场准入而言，国家安全审查实质上是准入前国民待遇的例外条款，形成了对外商投资的市场准入修正。

目前，我国尽管已经在《反垄断法》《国家安全法》和《外商投资法》中明确提及国家安全审查的概念并要求建立相应制度，但立法均没有规定具体的可操作性规范。2011年，商务部针对外国投资者并购境内企业的安全审查曾制定过专门的规章。自贸区成立后，国务院在2015年颁布了《自贸区外商投资国家安全审查试行办法》，对外资的国家安全工作机制与程序进行了相对较为具体的规定。但是，这一制度仍然是较为粗陋的，在缺少现实案例的情况下，制度实际运作的效果还有待实践的检验，实践操作层面上也还有诸多细节需要填充与完善。

一、国家安全的概念和范围

(一) 国家安全的概念

在我国,最早提出国家安全概念的是邓小平同志。他指出,国家安全是要保证国家对内对外稳定的状态。①有学者将当代国家安全构成要素扩展为12个方面,并将原来的“领土安全”修订为“国域安全”,从而使当代国家安全体系构成要素依次为国民安全、国域安全、资源安全、经济安全、社会安全、主权安全、政治安全、军事安全、文化安全、科技安全、生态安全、信息安全。②还有学者提出,国家安全是指国家的生存和发展没有受到威胁的状态。③一些学者站在国家利益的角度,认为国家安全是建立在国家利益基础之上的,如果没有了国家利益,则国家安全的概念也无从谈起,并将国家安全分为了传统安全即国防安全,及非传统安全即经济安全和新时代的国家政治安全。④

作为一个不言自明但又充满争议的概念,“国家安全”的内涵和外延在学界从未达成一致。有学者指出,这种状况是由于国家安全这一概念本身的特质所决定的。⑤作为一个不确定概念,其开放的内涵与外延导致对其定义极为艰难,因而只能从不同角度对其作出阐释。例如,国家安全可以从其历史性、相对性和主观性等多个方面进行解读。笔者认为,国家安全是国家的基本利益,如果从“安全”的视角来理解,它指的是一个国家处于没有危险的客观状态,也就是国家没有外部的威胁和侵害,也没有内部的混乱和疾患的客观状态。

---

① 李长根、陈大理:《论邓小平的国家安全观》,《党的文献》2000年第4期。
② 刘跃进:《为国家安全立学——国家安全学科的探索历史及若干问题探索》,吉林大学出版社2014年版。
③ 金锢:《国家安全论》,中国友谊出版公司2002年版,第1页。
④ 甘培忠、王丹:《“国家安全”审查标准研究——基于外国直接市场准入视角》,《法学杂志》2015年第5期。
⑤ 王东光:《国家安全审查:政治法律化与法律政治化》,《中外法学》2016年第5期。

首先,国家安全是国家没有外部的威胁与侵害的客观状态。所谓外部威胁与侵害,大致可分为外部自然界的威胁和侵害与外部社会的威胁和侵害两大类,但由于国家安全是一种社会现象,国家的外部威胁和侵害也就主要是指处于一国之外的其他社会存在的对本国造成的威胁和侵害。从威胁和侵害者看,这种外部威胁和侵害包括:其他国家的威胁;非国家的其他外部社会组织和个人的威胁,如来自某些国际组织或地区组织的威胁和侵害;国内力量在境外所形成的威胁和侵害,如国内反叛组织在国外从事的威胁和侵害本国的活动。

其次,国家安全是国家没有内部的混乱与疾患的客观状态。仅仅没有外部的威胁和侵害,国家并不一定就会安全。危及国家生存的力量不仅来源于一个国家的外部,而且还时常来源于国家的内部。国内的混乱、动乱、骚乱、暴乱,以及其他各种形式的疾患,都会直接危害到国家生存,造成国家的不安全。因此,国家安全必然包括没有内部混乱和疾患的要求。

最后,只有在同时没有内外两方面危害的条件下,国家才安全,因此,只有这两个方面的统一,才是国家安全的特有属性。无论是“没有外部威胁”,还是“没有内部混乱”,都不是国家安全的特有属性,不能把国家安全与国家不安全完全区别开来。单独从这两方面的任何一面来定义国家安全,都是片面的、无效的。反之,如果把这两个方面结合起来,也就抓住了国家安全的特有属性,有助于我们正确认识并形成国家安全观。

(二) 国家安全的范围

2014 年,习近平总书记在主持召开中央国家安全委员会第一次会议时提出,要坚持总体国家安全观,走出一条中国特色的国家安全道路。这是我国首次提出总体国家安全观,并首次系统提出“11 种安全”。习近平总书记指出,必须既重视外部安全,又重视内部安全;既重视国土安全,又重视国民安全；既重视传统安全，又重视非传统安全，构建集政治安全、国土安全、军事安全、经济安全、文化安全、社会安全、科技安全、信息安全、生态安全、资源安全、核安全等于一体的国家安全体系。[①]总体而言，习近平总书记提出的中国特色总体国家安全观主要有以下几个方面的特征：

首先，总体国家安全观承载为实现中华民族伟大复兴提供坚强保障的历史使命，富有鲜明的时代特色。坚持总体国家安全观，归根到底是为了更好维护和延长我国发展重要战略机遇期，确保中华民族伟大复兴进程不被滞缓或打断。

其次，总体国家安全观是唯物辩证法在国家安全领域的最新实践和创新。总体国家安全观创造性地把内部安全与外部安全、传统安全与非传统安全统一于国家安全这一概念体系之内，并且进一步细化了政治、国土、军事、经济、文化、社会、科技、信息、生态、资源和核安全11个方面的子系统，明确了子系统的内涵和彼此的关系。

最后，总体国家安全观是具有中国特色的国家安全观。目前，我国正处于社会转型期、改革攻坚期，国家安全形势出现的新特点新趋势，要求我们必须坚持总体国家安全观，以确保整个国家的安全稳定。

结合以美国为代表的国外安全观，以及习近平总书记提出的总体国家安全观，笔者认为，国家安全观作为一个随着国情、时间等因素不断变动的历史概念，其内涵始终处于一个不断的变化过程，且不断地变得充实而丰富。总体上，国家安全就是指包含了政治安全、经济安全、国防安全、金融安全、信息安全等一系列内容在内的，通过内部彼此之间的相互作用和联系，从而保证国家处于整体稳定的状态。

---

① 《解析习近平新国家安全观·亚洲新安全观》，载人民网 http://world.people.com.cn/GB/8212/191606/385673/，2020年1月5日最后访问。

必须指出，在国家安全观内涵不断扩展的同时，相应的质疑之声也随之而起。有观点认为，这种“新国家安全观”永远无法穷尽其外延，使得国家安全问题变成了无处不在、无所不包的超级大问题。①投射到外资的市场准入领域，“新国家安全观”的模糊性和广域性将导致相当数量的外商投资被纳入国家安全的审查范畴，进一步加剧外资准入政策的不透明。这种担心不无道理，但我们也必须看到，人类社会生存发展的环境在发生巨大的变化，国家安全范围的扩展是客观环境所致，是国家机器的链条日益精密和绞合联动之必然。②“新国家安全观”的不确定性为其带来了必要的弹性，使其能够更好地适应复杂多变的国际国内环境，服务于国家利益的需求，具有相应的正当性。

（三）国家安全审查的界定及意义

由于学界对“国家安全”概念的争论不一，相应地对何为“国家安全审查”，以及“国家安全审查”的外延范围也难以形成统一的意见。我们认为，结合国内外的经验，并参考《国家安全法》第五十九条③对于国家安全审查范围和目的的规定，国家安全审查可以界定为“以国家安全为由，由专门的机构和机制对归入审查范围的特定投资行为进行全面审查，以评估该投资行为对东道国国家安全产生的风险和影响，从而做出决策并进行风险干预管控的专门制度”。④

国家安全审查制度实际是以国家主权为基础的一种投资壁垒，⑤现已

① 何贻纶：《国家安全观刍议》，《政治学研究》2004 年第 3 期。
② 王东光：《国家安全审查：政治法律化与法律政治化》，《中外法学》2016 年第 5 期。
③ 《国家安全法》第五十九条：“国家建立国家安全审查和监管的制度和机制，对影响或者可能影响国家安全的外商投资、特定物项和关键技术、网络信息技术产品和服务、涉及国家安全事项的建设项目，以及其他重大事项和活动，进行国家安全审查，有效预防和化解国家安全风险。”
④ 廖凡：《外国投资法（草案征求意见稿）国家安全审查制度评析》，《经济参考报》2015 年 1 月 28 日。
⑤ 陶立峰：《外国投资国家安全审查的可问责性分析》，《法学》2016 年第 1 期。

成为了国际公认的比较普遍的东道国外资准入监管方式之一。实施国家安全审查制度具有理论和实践方面的重要意义。首先,从理论角度出发,其既是执行相关立法的结果,也是对现有法律规定的有效补充。目前我国国家安全审查方面的法律主要是《反垄断法》《国家安全法》和《外商投资法》,这些立法虽然明确了国家安全审查的对象和范围,但均为原则性描述,都缺少具体的规范制度,不具有可操作性。因此,行政主管部门需要借助行政立法的手段,健全与完善国家安全审查的制度设计,从而与外资准入负面清单管理模式实现有效衔接,使得外资准入的相关法律体系更为系统与合理。其次,从实践层面来看,国家安全审查可以有效保护国家安全,维护国家和社会公共利益。进入新世纪以来,随着中国经济日益融入世界,在全球化背景下,大量外资企业热衷于并购我国本土企业,此时国家安全审查就显得尤其重要。利用国家安全审查的机制,我们可以有效防止外资的敌意并购,保护本土企业和国家利益。

二、我国国家安全审查制度的现状与问题

(一) 国家安全审查制度的发展历程

从历史发展的角度来看,我国国家安全审查制度的建立与完善,是一个与时俱进的过程。

党的十一届三中全会之后,改革开放成为国家的基本国策。为了有效地引入外国资本,国务院于 1987 年颁布了《指导外商投资方向暂行规定》,这部暂行规定不仅对外资投入的方向进行了规定,而且明确了禁止外资投资的主要领域和行业,包括经济安全、环境安全等重要领域。这部暂行规定也为日后我国外资安全审查制度的建立打下了良好的基础。2002 年国务院正式颁布了《指导外商投资方向规定》,对比之前的《指导外商投资方

向暂行规定》,除了经济安全和环境安全领域外,该规定将军事设施安全也列入了禁止外国资本投入的领域。

2006 年,针对 21 世纪以来频繁出现的国外资本恶意收购我国本土企业的浪潮,商务部颁布《关于外国投资者并购境内企业的规定》(以下简称“10 号令”)。该项规定明确指出,对于外国投资者并购境内企业并且在企业内部取得实际控制权的,若该行为可能对国家的经济安全造成影响或威胁,应该上报国家商务部。一旦并购被商务部认定会对国家的经济安全造成威胁,则外商应立即停止交易或经营,以保护国家的经济安全。“10 号令”明确规定了对可能影响国家经济安全的外资并购行为的审查制度,可以说是我国国家安全审查制度发展的一个新的里程碑。为了保证“10 号令”与《反垄断法》和《国务院关于经营者集中申报标准的规定》相一致,2009 年商务部又以“6 号令”的形式对“10 号令”进行了修改和补充,在维持国家经济安全审查条款的同时,更细致的规定了外国资本并购审查的具体内容和操作程序。

值得注意的是,“10 号令”所规定的国家经济安全审查条款,要求并购境内企业的外资应履行申报义务,并须在商务部审查通过后方能继续交易,这本质上其实是构建了一种市场准入门槛,从法律性质上说属于行政许可的一种。然而,根据 2003 年颁布的《行政许可法》的相关规定,部门规章无权设定行政许可。因此,有观点认为“10 号令”及后续的“6 号令”所搭建的国家经济安全审查制度,在合法性上存在一定瑕疵。①笔者认为,从行政许可设定权的角度来检视“10 号令”,其设立的国家经济安全审查制度确有违反《行政许可法》之嫌。不过,这种合法性瑕疵在 2008 年 8 月《反垄断

① 廖凡:《外国投资法(草案征求意见稿)国家安全审查制度评析》,载《经济参考报》2015 年 1 月 28 日。

法》实施后，已经很大程度上得到了消除。《反垄断法》第三十一条规定，“对外资并购境内企业或者以其他方式参与经营者集中，涉及国家安全的，除依照本法规定进行经营者集中审查外，还应当按照国家有关规定进行国家安全审查”。据此，该条实际为商务部颁布的“10 号令”提供了上位法的依据，可视为是对商务部实施国家安全审查的授权法规范。相应地，2009 年商务部的“6 号令”也不再具有合法性危机。

2011 年 2 月，国务院发布《关于建立外国投资者并购境内企业安全审查制度的通知》(国办发〔2011〕6 号)(以下简称《通知》)，对外资并购安全审查的范围、审查的内容、工作机制和并购安全审查的具体程序等作出了规定。在并购安全审查的内容上，《通知》要求对国防安全，包括对国防需要的国内产品生产能力、国内服务提供能力和有关设备设施的影响，对国家经济稳定运行的影响，对社会基本生活秩序的影响以及对涉及国家安全关键技术研发能力的影响进行审查。在工作机制方面，要求建立外国投资者并购境内企业安全审查部际联席会议(以下简称联席会议)制度，具体承担并购安全审查工作。联席会议在国务院领导下，由发展改革委、商务部牵头，根据外资并购所涉及的行业和领域，会同相关部门开展并购安全审查。《通知》的颁布，终于相对具体地构建起了我国外资并购领域的国家安全审查制度，为实践操作提供了可资适用的依据。根据《通知》的内容和外商投资相关法律法规的规定，商务部又于 2011 年 8 月发布了《商务部实施外国投资者并购境内企业安全审查制度的规定》(2011 年第 53 号)(以下简称《并购安全审查规定》)，以规章形式对外资并购安全审查的程序进行了更为细化的规定。

为了深化外商投资管理体制改革，加快构建开放型经济新体制，2014 年 5 月，国家发展和改革委员会公布《外商投资项目核准和备案管理办法》

(以下简称《办法》)。《办法》改革了外商投资项目管理方式,将项目全面核准改为有限核准和普遍备案相结合的管理方式。不同于《通知》仅适用于外资并购,《办法》第二条明确指出其适用于中外合资、中外合作、外商独资、外商投资合伙、外商并购境内企业、外商投资企业增资及再投资项目等各类外商投资项目,既包括并购投资,也包括新设投资。同时,《办法》第七条明确规定“外商投资涉及国家安全的,应当按照国家有关规定进行安全审查”,从而将国家安全审查的范围扩张至外商新设投资,补全了之前安全审查仅限于外资并购的缺憾。

2015 年 1 月 19 日,国家商务部正式对外公布《中华人民共和国外国投资法(草案征求意见稿)》(以下简称《征求意见稿》),①该《征求意见稿》的第四章共使用了二十七个条文对国家安全审查制度进行了专章规定。但遗憾的是,到 2019 年 3 月全国人大最终通过的《外商投资法》中,第四章被整体删除,仅在第三十五条对外商投资安全审查制度作了原则性规定。在此情形下,我国的国家安全审查制度又退回到“《通知》+《并购安全审查规定》”与《办法》的法律框架。不过,为了建立与自贸区实行的负面清单模式相适应的外资国家安全审查制度,国务院办公厅于 2015 年 4 月制定发布了《自贸区外商投资国家安全审查试行办法》(国办发〔2015〕24 号)(以下简称《试行办法》),对自贸区内国家安全审查的范围、审查内容、审查工作机制与程序等作出了较为详细的规定。

《外商投资法》之所以最终仅以一个条文取代了《征求意见稿》对国家安全审查制度的专章规定,或与这部法律的立法定位有关。在 2019 年 3 月 8 日第十三届全国人大二次会议上,全国人大常委会副委员长王晨向全

① 该征求意见稿的全文,载商务部官方网站http://tfs.mofcom.gov.cn/article/as/201501/20150100871010.shtml,2020 年 1 月 20 日最后访问。

国人大代表作立法说明时特别指出,"外商投资法是新形势下国家关于外商投资活动全面的、基本的法律规范,是外商投资领域起龙头作用、具有统领性质的法律"。①因此,作为外商投资的基础性法律,其重点是确立外商投资准入、促进、保护、管理等方面的基本制度框架和规则。至于具体的各项制度内容,一般由配套的下位立法予以规定。值得注意的是,在国务院于2019年12月颁布的《外商投资法实施条例》(国务院第723号令)中,有关外商投资安全审查制度的规定也只在第四十条作了原则性宣示,其内容甚至比《外商投资法》更为简单。法律和行政法规对外资国家安全审查持如此审慎的态度,除了国家安全审查制度只是外商投资管理中的一个组成部分外,更多还是由于这一制度尚处于初生阶段,有待于进一步改革试点,积累经验。因此,以国务院办公厅的规范性文件方式首先在自贸区进行探索,是较为稳妥可靠的思路。同时,《外商投资法》尽管只用了一个条文规定国家安全审查制度,但其在法治层面的重要意义仍然不能忽略。未来需要进一步建设和完善的,便是在自贸区国家安全审查制度先行先试的经验基础上,围绕《外商投资法》第三十五条的原则性规定,通过法律、行政法规、规章及相关政策文件构建起一套完备的国家安全审查法律规则体系。

(二) 现行制度的问题与不足

尽管《征求意见稿》用相当数量的条文建立了一个相对完善的外资准入国家安全审查制度,对国家安全审查的具体内容和程序作了比较详尽的规定,如能成为现实,将对国家安全审查制度具有里程碑式的意义。可惜的是,《征求意见稿》在这一部分的绝大多数条文尽数被舍弃,因此对我国现行国家安全审查制度的观察、总结与反思,仍然只能以《通知》《并购安全

---

① 王晨:《关于〈中华人民共和国外商投资法(草案)〉的说明》,载中国人大网 http://www.npc.gov.cn/npc/c30834/201903/e167985f1a3a449b8815739326e3bd52.shtml,2020年1月20日最后访问。

审查规定》《办法》及《试行办法》为主要对象。

就自贸区外资国家安全审查制度的不足，学界的批评主要集中在审查机制和审查程序领域，盖因在实体层面，国家安全审查具有强烈的政治性，正如有学者所言，“国家安全审查虽然处于法律的语境之下，但其内核却是一个政治问题”。①一般认为，相比于审查标准的模糊性、间接性、软约束性和适变性，国家安全审查的程序却应当实现充分的法律化，这是尊重外国投资者权益、吸引外资的需要，也是提高审查程序透明度和可预见性的根本路径。②

总体而言，现有制度的不足体现在审查机构、审查机制与程序、救济措施等多个方面。

首先，在审查机构上，外国投资者并购境内企业安全审查部际联席会议（以下简称“联席会议”）是具体承担自贸区外商投资安全审查工作的机构。但是，该机构存在着法律地位不明确；国家发改委和商务部作为双牵头部门，二者间职责划分不清；机构的表决机制、监督机制和问责机制缺失的问题。

其次，在审查程序上，《试行办法》没有作出新的突破，所适用的是2011年的《通知》第四条。该条所规定的简略审查程序，被认为存在如下瑕疵：在一般性审查的决策方式、决策时限及特别审查程序启动的时限等关键问题上表述不清；没有规定具有重要意义的外资事前预约商谈机制和预申报制度；使用的许多关键概念含义模糊，例如何为“意见基本一致”，如何理解存在“重大分歧”等。③

---

①② 王东光：《国家安全审查：政治法律化与法律政治化》，《中外法学》2016年第5期。

③ 详见黄翔：《关于我国国家安全审查制度完善之思考》，《国际贸易》2016年第6期；杜玉琼：《我国自贸区外资国家安全审查程序探析》，《西南民族大学学报》（人文社会科学版）2017年第11期。

最后，在国家安全审查决定的救济措施上，前述《试行办法》《通知》等规范性文件均未作规定，但《外商投资法》第三十五条第二款却明确指出，依法作出的审查决定为最终决定。这是否意味着我国的国家安全审查决定绝对豁免于行政复议或法院的司法审查呢？对此不无疑问。有学者提出，“作出的安全审查决定为最终决定”和“依法作出的安全审查决定为最终决定”在豁免程度上应作不同理解，后者应当被解释为依据法律规定作出的安全审查决定才是终局决定，而此处的“法律”则应当包括具体的安全审查配套实施细则，以及《宪法》《外商投资法》和其他与安全审查相关的国家立法。从程序正义和保护外国投资者合法权益的角度考量，我国应在配套立法中允许对安全审查决定的程序进行司法审查，但限制对决定作实质审查。①这一观点在学界不乏支持意见，也与发达国家的司法实践相一致。即便在明确规定排除对安全审查决定进行司法审查的美国，法院也仍然对国家安全审查机构是否遵循了正当程序原则具有管辖权。②

三、“一带一路”合作对国家安全审查的影响

如前所述，我国的国家安全审查制度总体上还处于初创阶段，截至2020年我国尚未对任何一起外商投资启动该制度，因此其基本上停留在被悬置的状态，制度细节无法得到实践的检验，相应的制度完善建议如明确审查机构的法律地位、建立联席会议监督机制和问责制度、完善事中事后监督等制度和预约沟通机制、建立“一案一议”的决策方式等，学者们也只能从比较法的角度在理论层面进行阐发。③但是，国家安全审查制度有必要

① 漆彤：《论外商投资国家安全审查决定的司法审查》，《武汉大学学报》（哲学社会科学版）2020年第3期。
② 王东光：《国家安全审查：政治法律化与法律政治化》，《中外法学》2016年第5期。
③ 详见杜玉琼：《我国自贸区外资国家安全审查程序探析》，《西南民族大学学报》（人文社会科学版）2017年第11期。

采取法律化的形式进行表达，以透明和可预见的法律规则实现审查程序的充分法律化，是学界的普遍共识。至于国家安全审查制度中非常关键的审查标准问题，在制度的政治本质属性之下，只能通过有限的法律化来保持其必要的弹性，从而最大限度保证国家利益。

需要指出的是，“一带一路”倡议提出后，沿线各国将迎来更为密切的国际经贸合作。“一带一路”倡议涉及沿线60多个国家，地理上横跨亚欧非，各国有着相当不同的法律制度、社会习俗、文化传统、宗教信仰等，合作与开放必然将面临许多挑战。如何确保国际经贸合作的安全，不仅是沿线国家应当担负的国际责任，同时也是“一带一路”首要倡议者——中国必须考虑的问题。在打开国门的同时，必须扎紧国家安全的篱笆，因为这关系到我国的国家根本利益。由于国家安全审查标准的模糊性，各国一般在立法中仅列举安全审查需要考虑的因素，我国在《外国投资法》（草案征求意见稿）中也进行了类似的尝试。具体而言，该草案列出的国家安全审查因素包括：对国防安全的影响，包括对国防需要的国内产品生产能力、国内服务提供能力和有关设备设施的影响，对重点、敏感国防设施安全的影响；对涉及国家安全关键技术研发能力的影响；对涉及国家安全领域的我国技术领先地位的影响；对受进出口管制的两用物项和技术扩散的影响；对我国关键基础设施和关键技术的影响；对我国信息和网络安全的影响；对我国在能源、粮食和其他关键资源方面长期需求的影响；外国投资事项是否受外国政府控制；对国家经济稳定运行的影响；对社会公共利益和公共秩序的影响；以及联席会议认为应当考虑的其他因素。[①]

纵观草案的上述规定，应当说其列出的安全审查因素已经极为宽泛地

① 《外国投资法》（草案征求意见稿）及其立法说明的全文，载商务部网站 http://tfs.mofcom.gov.cn/article/as/201501/20150100871010.shtml，2020年4月26日最后访问。

囊括了可能影响中国国家安全的各种情形。笔者认为，在“一带一路”背景下，结合沿线国家的国情特点，我国的国家安全审查标准还应重点突出下列四个方面的因素：第一，恐怖主义。“丝绸之路经济带”和“21世纪海上丝绸之路”均途经著名的恐怖主义辐射区，恐怖主义对“陆海丝绸之路经济带”必然带来人员、财产甚至政治安全方面的挑战。第二，网络安全。通过信息网络联通沿线国家间基础设施的“一带一路”需要稳固的网络技术安全保证，一旦不法分子利用网络安全漏洞对国家设施发起致命攻击，将对国家安全形成不可逆的破坏，网络安全于我国“一带一路”倡议实施而言是不容轻视的一大威胁。第三，环境资源安全。陆上丝绸之路横亘欧亚大陆，海上丝绸之路穿越整个太平洋，复杂多变的自然环境给国家的资源安全带来重大威胁，周边环境资源安全对“一带一路”的实施有关键性的影响。第四，核安全。国内外安全稳定局势是畅通建设和发展的源泉，但“一带一路”之陆上丝绸之路途经的中东、印度和伊朗地区，却频繁进行核试验或爆发核危机，严重影响到“一带一路”沿线区域的政治局势稳定。①

上述四个方面的因素不仅是我国总体国家安全观的重要组成部分，也全面体现于新《国家安全法》的相关条文规定中，为了回应这些国家安全的重大挑战，我国不仅积极参与缔结国际条约，也需要在国内法制层面努力构建相应的国家安全体系，这其中，外资准入的国家安全审查是不可缺少的一个环节。未来需要进一步完善的，除了在国家安全审查的裁量中强化上述四个方面的因素外，还需要从中国当下同时具有的“走出去”和“引进来”双重主体角色进行思考，如何平衡对外自由开放与国家安全之间的张力或潜在冲突。诚如有学者所言，国家安全审查作为一种国家干预行为，

① 罗国强、赵睿：《总体安全观下“一带一路”的和平与安全问题及其法制构建》，《人文杂志》2016年第9期。

既可以对自由构成保障,也可以对自由形成威胁,二者实际上是一枚硬币的两面。[①]我们永远需要面对的,是如何把握好中国国家利益和外国投资者利益之间的微妙平衡。

第三节 事中事后监管的强化与规范

如果说商事登记制度改革启动了我国市场监管法制现代化的第一步,那么事中事后监管就是这一现代化过程中不可或缺的关键一环。商事登记制度改革释放出的行政资源,恰好可以转移到事中事后监管领域,从而实现“放”与“管”的有机结合。作为一个新兴的市场经济国家,市场经济秩序尚不够规范,各种失信与市场失序行为在我国仍然较为普遍地存在,并且在短期内难以根本改变,市场监管面临着巨大压力,监管任务十分沉重。如何有效发挥市场与政府的作用,通过落实监管责任、健全监管规则与创新监管方式构建起一套完备的事中事后监管体系,对我国完善社会主义市场经济体制,推动经济社会健康发展而言意义重大。“一带一路”倡议下的沿线国家以发展中国家居多,在经济转型和发展过程中面临的问题很多都与中国有相似之处。因此,中国在市场准入与市场监管法制方面的建设经验,当然也包括曾经走过的弯路,对这些国家都具有重要的典范和参考意义,值得认真予以总结。

一、事中事后监管的提出与发展

“事中事后监管”这一概念的提出,与我国的行政审批制度改革有密切

① 徐霄飞:《“一带一路”建设应重视国家安全审查》,《中国社会科学报》2016 年 9 月 30 日。

的关系。根据《行政许可法》的相关规定，行政许可机关对被许可人拥有监督检查的权力，对其违法行为可以作出相应的行政处罚。因此，行政审批改革启动后，审批机关开始将目光转向审批之后的日常监督管理，各地纷纷出台了相应的行政审批批后监督管理办法。不过，实践中许可机关由于路径依赖，仍然更多地把精力放在事前审批上而忽视了后续监管。随着行政审批改革的不断深入推进，大量行政审批项目被取消和调整，行政审批的事前控制作用日渐被弱化。同时，前述审批后监督管理办法也无法适用于审批事项被精简后对相对人生产经营活动的后续监管，导致“以审代管”“不审不管”“不罚不管”的“三不管”现象长期存在。当市场准入放开而后续监管未能及时跟进时，市场主体的违法经营活动开始大量滋生，社会各界要求加强监管力度的呼声也开始与日俱增。①

率先在事中事后监管方面取得重大突破的是肩负改革重任的上海自贸区。在国务院 2013 年 9 月印发的《中国(上海)自由贸易试验区总体方案》中，赋予了上海自贸区五大任务，其中第一项是“加快政府职能转变”。国务院明确要求上海自贸区改革创新政府管理方式，推进政府管理由注重事先审批转为注重事中、事后监管。领受这一任务后，上海自贸区以制度创新为重点展开了积极探索，初步构建了事中事后监管领域六项重要制度，分别是建立针对外资的安全审查制度、建立反垄断审查制度、完善社会信用体系、建立企业年报公示和经营异常名录制度、健全信息共享和综合执法制度以及建立社会力量参与市场监督制度。②依托这六大制度，配合以各部门信息共享的大数据平台建设为抓手，上海自贸区基本形成了政府主导、行业自律、企业自控和社会参与“四位一体”的事中事后监管大格局，通

① 李路:《以体制机制创新提升政府事中事后监管能力研究》,《理论导刊》2019 年第 9 期。
② 陈奇星:《强化事中事后监管:上海自贸试验区的探索与思考》,《中国行政管理》2015 年第 6 期。

过政府部门、行业协会、企业与社会公众四大主体的功能互补与分工协作，较好地解决了信息不对称、动力不足、监管成本过高以及各自为政的监管难题，形成了强大的监管合力。[①]第三方评估显示，上海自贸区在政府职能转变方面的创新举措取得了不俗效果，事中事后监管的基本制度初步建成，覆盖事前、事中、事后等主要环节的全过程市场监管体系逐步完善，进一步改善了营商环境，激发了市场主体活力。[②]

在上海自贸区改革经验的基础上，国务院于2015年5月召开的全国推进简政放权放管结合职能转变工作电视电话会议上，首次系统提出了“放管服”改革的概念。李克强总理在会议讲话中指出，“深化行政体制改革、转变政府职能，不仅要取消和下放权力，还要改善和加强政府管理”，“为各类市场主体营造公平竞争的发展环境”，“在大量减少审批后，政府要更多转为事中事后监管，切实把市场管住、管好”。[③]“放管服”改革与优化营商环境的提出，使得事中事后监管工作得到了进一步强化。加强事中事后监管不仅是深化“放管服”改革的题中应有之义，也是创新完善宏观调控方式与政府监管体制的有效手段，更是推进国家治理体系和治理能力现代化的重要举措。至此，事中事后监管开始频繁地进入人们的视野，成为深化行政体制改革，创新政府监管机制和监管方式的重要标志。

经过六年的改革探索，国务院于2019年9月发布《关于加强和规范事中事后监管的指导意见》（以下简称《意见》）（国发〔2019〕18号）。作为指导事中事后监管制度建设的纲领性文件，《意见》对加强和规范事中事后监管

① 蒋硕亮、刘凯：《上海自贸试验区事中事后监管制度创新：构建“四位一体”大监管格局》，《外国经济与管理》2015年第8期。

② 陈奇星：《强化事中事后监管：上海自贸试验区的探索与思考》，《中国行政管理》2015年第6期。

③ 《李克强在全国推进简政放权放管结合职能转变工作电视电话会议上的讲话》（2015年5月12日），载中国政府网 http://www.gov.cn/guowuyuan/2015-05/15/content_2862198.htm，2020年4月30日最后访问。

工作的指导思想、基本原则、监管方式创新、协同监管及组织保障等方方面面作出了全面细致的规定，既充分肯定了改革实践已经证明了的成功经验，如“互联网＋监管”系统、“双随机、一公开”和包容审慎监管的创新监管方式，也对提升监管规范性和透明度、正确认识监管履职风险等实践中认识不一的问题作出了正面回应，可以说是国务院对事中事后监管制度探索的一次中期小结。总体而言，《意见》为地方政府和职能部门搭建了事中事后监管的基本制度框架，构成了它们落实和强化监管责任的基本指引。同时，《意见》还明确鼓励基层政府在细化实化监管措施方面进行探索创新，为事中事后监管制度的后续发展完善保证了原动力。未来在依法监管、公平公正、公开透明、分级分类、科学高效、寓管于服等基本原则的指引下，我国的事中事后监管制度探索还将持续深入地推进下去，促进市场监管法制的进一步完善。

二、事中事后监管方式的创新

如前所述，我国的事中事后监管制度基本是在一片空白的状态下从无到有发展起来的。放松事前审批之后，如何在事中与事后阶段对市场主体及其行为进行有效监管，是改革之初摆在监管机关面前的一道现实的难题。以上海自贸区为首的各个改革试验先行区在监管制度和监管方式创新上付出了巨大努力，取得了显著成绩，尤其是以“双随机、一公开”“分类监管”“信用监管”以及“包容审慎监管”为代表的监管方式创新，在大大增强监管科学性和执法公正性的同时，也为我国市场监管模式改革提供了新思路，进一步丰富了国家治理能力与治理体系现代化的内涵。

（一）“双随机、一公开”和“分类监管”

在上述监管方式创新中，“双随机、一公开”和“分类监管”针对的是行政监管机关实施监督检查的具体方式，前述国务院的《意见》对这两者亦有明确的界定与要求。所谓“双随机、一公开”，是指在市场监管领域实行随机抽取检查对象、随机选派执法检查人员，并且将抽查情况及查处结果及时向社会公开。根据《意见》的要求，原则上所有日常涉企的行政检查都应通过“双随机、一公开”的方式进行。“分类监管”则是将被监管与抽查的对象根据信用等级或风险进行分级分类，并将随机抽查的比例频次、被抽查概率与抽查对象的信用等级或风险程度挂钩，对于有不良信用记录、风险高的要加大抽查力度，对信用较好、风险较低的可适当减少抽查。“双随机、一公开”与“分类监管”如能有机结合，则更能充分发挥精准监管和智慧监管的功效。前述《意见》即规定，应当“将随机抽查的比例频次、被抽查概率与抽查对象的信用等级、风险程度挂钩，对有不良信用记录、风险高的要加大抽查力度，对信用较好、风险较低的可适当减少抽查”。也就是说，结合分类监管之后，检查对象的随机抽取不再是完全“随机”的，而是要根据信用等级和风险程度，在检查对象名录库中进行有针对性的设置，加大低信用、高风险抽查对象的抽查比例频次和被抽中概率，从而满足“不同情况区别对待”的基本法理要求。

应当承认，“双随机、一公开”和“分类监管”的监管方式创新对于治理我国行政监督检查实践中的某些痼疾，具有非常理想的效果。它不但可以防范监管部门对市场主体及市场活动的过度干预或选择性执法，避免执法扰民，也极大压缩了监管部门与市场主体的双向寻租空间，有效减少监管者被被监管者“俘获”的老大难问题。同时，监督检查结果必须向社会公开的要求，还需要以加速互联网监管信息系统建设为依托，有助于打破各行政部门间的信息壁垒，形成统一的市场监管信息平台。检查结果公开之后，更能进一步吸引社会力量参与监督，促成政府主导和社会参与的事中事后监管大格局之形成，收到“一石多鸟”的效果。

鉴于“双随机、一公开”的重要意义和作用，该监管模式一问世，便立刻得到国务院的高度重视。2015 年 8 月，国务院办公厅发布《关于推广随机抽查规范事中事后监管的通知》（国办发〔2015〕58 号），要求市场监管部门制定随机抽查事项清单，建立“双随机”抽查机制，合理确定随机抽查的比例和频次并加强抽查结果运用，抽查情况及查处结果要及时向社会公布，接受社会监督。2019 年 2 月，国务院发布的《关于在市场监管领域全面推行部门联合“双随机、一公开”监管的意见》（国发〔2019〕5 号）中，更是将全面推行“双随机、一公开”监管作为党中央、国务院的重大决策部署，将其视为市场监管理念和方式的重大创新，是深化“放管服”改革的内在要求、优化营商环境的有力举措、创新事中事后监管的重要内容。国务院在该文件中明确部署了一系列重点任务，包括统筹建设监管工作平台，实行抽查事项清单管理，建立健全检查对象名录库和执法检查人员名录库的随机抽查机制，以及强化抽查检查结果公示运用等，有力促进了市场监管领域的部门联合监管，推动形成以“双随机、一公开”监管为基本手段、以重点监管为补充、以信用监管为基础的新型监管机制。

（二）信用监管

信用监管是以信用为核心构建的新型市场监管制度，有学者将信用监管定义为“行政机关或法律、法规授权的具有公共管理职能的组织，对相对人的公共信用信息进行记录、归集、使用，并按照一定指标体系开展评价、评级、分类，进而分别采取激励或惩戒等措施实现政府规制目的的行为”。①在我国社会主义市场经济建设过程中，缺乏诚信、信用状况差始终是市场

① 袁文瀚：《信用监管的行政法解读》，载《行政法学研究》2019 年第 1 期，第 19 页。

交易和运行中的一个顽疾，市场主体的大量失信行为严重扰乱了市场秩序，增加了社会交易成本，成为影响和制约市场经济健康发展的突出因素。因此，建立完备的社会信用体系已成为当下经济社会发展的要务。

近年来，党中央国务院高度重视社会信用体系建设，先后发布了一系列重要的纲领性文件。2014 年 6 月，国务院印发《社会信用体系建设规划纲要(2014—2020)》(国发〔2014〕21 号)，将社会信用体系作为社会主义市场经济体制和社会治理体制的重要组成部分，并对社会信用体系建设的总体思路、重点领域推进以及以守信激励和失信惩戒为重点的社会信用运行机制作出了全面规定。2016 年 5 月，国务院发布《关于建立完善守信联合激励和失信联合惩戒制度加快推进社会诚信建设的指导意见》(国发〔2016〕33 号)，要求加快推进社会信用体系建设，加强信用信息公开和共享，依法依规运用信用激励和约束手段。文件对构建守信联合激励机制和失信联合惩戒机制进行了具体规定，并就二者间实现协同联动提出了相应的要求。此后，建立在信用信息基础上的信用监管制度走上了发展的快车道。由于信用监管与加强事中事后监管的改革理念相契合，“一处失信，处处受限”的联合惩戒能有效确保被监管人履行行政义务，有助于形成社会积极参与的监管大格局，因此，信用监管一时间迅速在各个行政执法领域展开，成为监管机关达成行政目标，惩治违法行为的利器。2019 年 7 月，国务院办公厅发布《关于加快推进社会信用体系建设构建以信用为基础的新型监管机制的指导意见》(国办发〔2019〕35 号)，在充分总结现有信用监管制度实践经验的基础上，将信用承诺、信用记录、信用修复等创新手段融入信用监管的事前事中与事后各环节，建立起了一个贯穿市场主体全生命周期，贯穿事前事中事后全监管环节的新型监管机制。可以预见，信用监管制度将成为未来一段时间市场监管领域最重要的监管工具之一。

(三) 包容审慎监管

在2017年的政府工作报告中，国务院总理李克强首次提出，“本着鼓励创新、包容审慎原则，制定新兴产业监管规则，引导和促进新兴产业健康发展”。①到2018年的政府工作报告，措辞变为“实行包容审慎监管，推动大数据、云计算、物联网广泛应用，新兴产业蓬勃发展”。②此后，“包容审慎”继续出现在每年的政府工作报告中，但不再使用“包容审慎原则”，而是以“包容审慎监管”的表述予以代替。对于何为“包容审慎监管”，前述国务院《意见》有十分详细的阐述，即“对新技术、新产业、新业态、新模式，要按照鼓励创新原则，留足发展空间”，“严禁简单封杀或放任不管”，“对看得准、有发展前景的，要引导其健康规范发展；对一时看不准的，设置一定的‘观察期’，对出现的问题及时引导或处置；对潜在风险大、可能造成严重不良后果的，严格监管；对非法经营的，坚决依法予以查处”。

“包容审慎监管”的提出，标志着我国政府对于自身与市场之间的关系有了更为深刻的认识。在市场的创新领域，新生事物的发展有一个试错的过程，因此需要更多的包容和成长空间。对于这些创新领域，政府应当适当降低监管标准，下调对风险防范的严格程度，无须过于急切地介入和干预，如此市场方能有效发挥自身的资源配置与调节作用。因此，“包容审慎监管”是对审慎监管原则的发展，是以包容性监管来弥补传统的审慎监管的不足，是包容监管和审慎监管的平衡和对立统一。③我国以往在发展市场

---

① 李克强：《政府工作报告——2017年3月5日在第十二届全国人民代表大会第五次会议上》，载中国政府网 http://www.gov.cn/premier/2017-03/16/content_5177940.htm，2020年4月29日最后访问。

② 李克强：《政府工作报告——2018年3月5日在第十三届全国人民代表大会第一次会议上》，载中国政府网 http://www.gov.cn/zhuanti/2018lh/2018zfgzbg/zfgzbg.htm，2020年4月29日最后访问。

③ 刘太刚：《从审慎监管到包容审慎监管的学理探析——基于需求溢出理论视角下的风险治理与监管》，《理论探索》2019年第2期。

经济过程中频繁遇到的“一管就死、一放就乱”现象，与政府未能准确理解和实施“包容审慎监管”，导致实践中过度监管或监管不足有很大的关系。

富有趣味的是，随着“包容审慎”理念的传播，即便在传统的市场监管和行政执法领域，“包容审慎监管”也开始发挥其正面积极的作用。2019年3月18日，上海市司法局、上海市市场监督管理局和上海市应急管理局共同发布《市场轻微违法违规经营行为免罚清单》，对市场主体发生符合规定情形的34项轻微违法违规经营行为免予行政处罚。①此后，上海又连续发布《文化市场轻微违法违规行为免罚清单》和《生态环境轻微违法违规行为免罚清单》。三份清单的内容覆盖市场监管、消防、文化市场及生态环境四个执法领域，涉及广告、合同、食品安全、产品质量、消防、艺术品经营、娱乐场所、出版、旅游、大气污染、固体废物污染等二十余个类别，共计61项免罚事项。据报道，后续还会有城管、民防等更多部门推出本领域的免罚清单。②从免罚清单的目的来说，是为了将行政处罚裁量中“不予处罚情形”进行具体化和明确化，为一线执法人员提供更具操作性的裁量指引和制度依据，解决执法人员在面对轻微违法行为时如“不予处罚”可能会被质疑“行政不作为”的担心。但从实际效果来看，免罚清单同时也凸显了对企业营造包容审慎监管环境的制度价值，是“包容审慎监管”理念的具体体现，有利于进一步优化营商环境。故此，上海的免罚清单一经推出后，全国各地纷纷效仿，跟随者众。

三、事中事后监管制度存在的问题与思考

毫无疑问，作为改革探索的产物，我国的事中事后监管在制度发展和

---

① 黄安琪：《上海积极探索包容审慎监管　发布轻微违法行为免罚清单》，载中国政府网 http://www.gov.cn/xinwen/2019-03/18/content_5374837.htm，2020年5月6日最后访问。

② 余东明、冯小瑜：《上海免罚清单覆盖4个执法领域61项事项》，《法制日报》2020年5月15日。

变迁过程中不可避免会产生一些问题，例如，原有的监管理念和监管制度历时多年后，在经济体制、制度惯性、非正式制度及变迁成本因素的影响下，已形成一定的路径依赖，①这种路径依赖对于突破性改革措施的实施及其有效执行均会产生较为严重的负面影响。在制度改革的推进过程中，则面临着一系列具体问题，如改革创新缺少法律的足够支持，立法相对滞后；“自下而上”的制度创新过于碎片化，难以形成体系；社会诚信体系的不足无法支撑全流程信用监管；以及跨部门协同不够，数据壁垒仍然存在等等。②此外，制度创新过程中，亦不排除某些事中事后监管措施过于激进，在达成行政目标的同时却对公民权益造成过度侵害，有违比例原则的要求。总体而言，这些问题固然大部分属于发展中的问题或阶段性问题，但仍然需要引起充分的重视，在后续的改革探索中逐步加以解决。

首先，就制度变迁中存在的路径依赖而言，已有学者从制度经济学的理论层面对形成路径依赖的各项因素进行了细致分析，并指出事中事后监管制度改革虽然受制于前述各项因素的影响，但这些影响都只是“中低度”的，并且在改革的大潮下，这些因素已经被不同程度地改变与缓解，如能采取适当措施减少或转移制度自我强化机制产生的作用，突破路径依赖的束缚是完全可行的。③

其次，对于改革中出现的诸多具体问题，应以历史的眼光对待和认识。事中事后监管的制度创新有赖于地方的勇敢尝试，尤其是各自贸区的先行先试。在此基础上形成的改革经验，在初始阶段也必然会以零散、碎片化的形态予以呈现，在这一阶段便要求立法机关制定法律为改革创新提供法

---

①③ 邵学峰、任春扬：《中国自由贸易区外商投资事中事后监管制度优化研究——基于新制度经济学理论视角》，《经济纵横》2016 年第 11 期。

② 曹晓路、王崇敏：《中国特色自由贸易港事中事后监管创新研究》，《行政管理改革》2019 年第 5 期。

律依据,或是要求立法对改革创新作出方向性指引和预先布置,显然对立法机关是勉为其难。反之,当改革试验进展到相对较为成熟的阶段,制度框架已然形成,创新措施亦可以从点汇聚到面时,立法时机方可言基本成熟,再由立法对改革创新进行确认是更为适宜的选择。正是基于这一考虑,国务院的《意见》以规范性文件的方式对发展中的事中事后监管制度作出原则性指引,既体现出国务院对改革方向的精准把握,也符合我国改革开放以来改革与法治建构之间关系处理的一贯路径。至于改革可能于法无据的担心,则需要针对改革举措应用的具体场景进行合法性分析。有些事中事后监管的创新举措,如“双随机、一公开”和“分类监管”,主要系程序与形式上的创新,不影响公民实体法上的权利义务,应视为行政监管部门的“程序裁量”,无须法律进行干预;改革创新措施可能突破上位法的,则应通过全国人大以授权方式暂停法律实施;改革举措确实急需要法律依据支持的,可考虑通过首先制定规章等较低层级的行政立法加以解决。

再次,任何改革试验都无法保证百分之百的正确与成功,应当允许改革过程中出现偏差或失误,我们应当做的,是及时进行检讨与反思,对改革进行阶段性评估,并基于依法治国的原则对逾越必要界限的改革措施作出微调。以信用监管为例,在其一片突飞猛进的发展势头之下,社会的质疑与反对之声并起。由于“一处失信,处处受限”的联合惩戒机制日趋完善,失信的市场主体面临空前巨大的压力,其不但会因为自己作出的违法失信行为受到行政处罚,还可能因为联合惩戒而同时被列入重点监管对象,进入行政“黑名单”,以及经营资格或权益受到多方限制,如无法参与政府采购、资质评级被降低及无法取得银行贷款等等。这些重点监管、限制权益及制裁惩戒的措施同时叠加在一起时,对失信主体的伤害要远大于一般的行政处罚。因此,信用监管及相关联的联合惩戒已经引起了社会公众的普遍关注，信用惩戒实施中出现的过罚不相当、连带惩罚等现象，使公众对信用惩戒措施的滥用产生了极大的担忧。①学界亦对此作出了深刻反思。有议者认为，当征信系统成为政府控制社会的手段时，其不但与征信、信用的本义相去甚远，甚至可能沦为某种“道德档案”。②

我们认为，信用对于创新市场监管机制、提高监管能力和水平，确有其不可否认的基础性作用。在我国大规模开展社会信用体系建设的宏观背景下，信用监管必然，也应当成为事中事后监管的基本手段之一。但是，针对已经暴露出来的诸多问题，信用监管制度的后续建设亟须厘清以下三个方面的基本问题：第一，“失信”行为应如何予以界定，“失信”行为与“违法”行为的界限何在？③ 第二，作为信用监管核心内容的失信惩戒，存在着与依法行政、保障人权、不当联结禁止、比例、公平、正当程序等一系列依法治国基本原则相悖的尴尬情形，④面临着严重的合法性危机需要化解；第三，失信惩戒中的声誉不利、资格限制或剥夺甚至限制人身自由的措施，具有强烈的制裁性，是否可纳入行政处罚的制度框架？如不能认定为处罚措施，又应如何对其进行理论定位，以及制度实施时应适用何种程序呢？上述问题的任何一个要作出清晰准确的回答都殊为不易，但唯有对信用监管制度的这些关键问题进行充分讨论，逐步形成共识，并对有悖法治的制度细节渐次作出调整，方能在确保制度合法化、正当化的基础上发挥其有效作用。

---

① 王伟：《失信惩戒的类型化规制研究——兼论社会信用法的规则设计》，《中州学刊》2019 年第 5 期。

② 傅蔚冈：《“征信”扩大化，或变身“道德档案”》，《华夏时报》2016 年 4 月 15 日。

③ 对“失信”行为，目前法律尚无统一定义。2017 年 10 月 1 日开始施行的《上海市社会信用条例》将社会信用限定为信息主体遵守法定义务或者履行约定义务的状态。根据这一定义，违法或违约行为未必一定是违信行为，哪些违法或者违约行为需要被纳入信用记载的范围取决于立法者的价值选择。参见罗培新：《社会信用法：原理 · 规则 · 案例》，北京大学出版社 2018 年版，第 42 页。然而，实践中对“失信”行为认定的泛化，导致其与违法行为几无区别。

④ 详见沈岿：《社会信用体系建设的法治之道》，《中国法学》2019 年第 5 期。

四、创新监管方式的制度构建与迷思:以分类监管为例

如同任何其他制度创新一样,“双随机、一公开”“分类监管”这些创新监管手段自问世之日起便不乏争议。尤其是“分类监管”,在法律依据缺失和公正公开方面更是广受质疑。下文将以“分类监管”为例,对其理论和实践层面的争议作深入剖析,以期回应和释清相关疑问。本部分的思考与结论,大体上也同样适用于其他事中事后的创新监管方式。

(一) 分类监管制度的产生背景及现状

分类监管是近年来行政监管领域新兴的一种监管措施。众所周知,在风险弥漫的现代化工业社会下,政府限于监管资源与监管能力的有限性,不可能通过监管来实现社会的“零风险”。基于监管资源给定的前提,行政监管的目标只能是通过制度建构以合理分配现有监管资源,力争将风险控制在公众可承受的一定范围内。分类监管制度,正是出于更加合理地分配监管资源,有效提升政府监管效能之目的而产生的。

“分类监管首先起源于投资者、金融机构和企业对风险的管理,随后才被政府和监管部门所采用”。①这种风险管理方式对政府或监管机构来说,称之为“分类监管”,而对投资者和企业来说即为“分类管理”。究其实质,都是在对管理对象进行风险评价的基础上,按风险程度的不同作出分类,并相应地实施差异化管理。在我国政府的监管实践中,分类监管制度较早在工商、公共卫生、环境、金融等领域出现,此后逐渐扩散至信用、质量及安全生产、食药监等诸多领域。不难发现,分类监管制度与风险有着极为密切的关联。它首先出现在风险程度高、规制风险任务较为繁重的监管领域,其后随着公众风险意识的增强和风险“疆域”的扩张,又传播至其他新

① 曾小龙:《上市企业分类监管研究》,中南大学博士学位论文2010年。

兴的风险领域。当下大力推广的信用分级分类监管，本质上仍是基于信用风险来决定采取差异化监管措施。因此，对这一制度展开讨论，不可避免地应将其置于风险规制的分析视角之下。从本质上说，分类监管是一种典型的风险规制。①

目前在我国立法体系中，在法律的位阶上唯一正式确立分类监管原则和制度的，是 2013 年制定通过、2014 年 1 月 1 日起施行的《特种设备安全法》。该法在第四条明确，“国家对特种设备的生产、经营、使用，实施分类的、全过程的安全监督管理”。第十八条则要求，“国家按照分类监督管理的原则对特种设备生产实行许可制度”。不过，在条文中使用“分类管理”表述的法律却为数不少，如《证券法》《环境影响评价法》《药品管理法》等法律均在相关条款中出现了这一表述。法律以下对分类监管制度具体作出规范的法律文件，主要集中在部门规章层面。较具影响力的，如《证券公司分类监管规定》《工业企业产品质量分类监管试行办法》等。这些规章一般就被监管对象的分类指标和方法、类别的划分以及实施手段作出了较为完备的规定。以规章为执法依据，证券监管部门、质量技术监督部门均已在相关领域建立起分类监管制度并付诸实践。②在地方政府层面，上海在全国范围内迈出了分类监管立法的第一步。2018 年 7 月，上海市政府以地方规章的形式制定《上海市分类监管管理办法》，明确作为上海市行政区域内监管机关从事分类监管活动的法律依据。该规章对分类监管的基本原则、监管程序、分类标准、监管类别以及监管措施等作出了系统全面的规定，作为

① 学界对风险规制的界定虽表述不一，但大体都认为是通过设立专业的行政机构，并通过制定规则与监督执行等具体规制活动来减轻或消除风险。可见赵鹏：《风险社会的自由与安全——风险规制的兴起及其对传统行政法原理的挑战》，《交大法学》2011 年第 1 期；戚建刚：《风险规制的兴起与行政法的新发展》，《当代法学》2014 年第 6 期。

② 例如，中国证监会每年均会在其官方网站上公布年度证券公司、期货公司的分类结果。可见 2016 年期货公司的分类结果，载中国证券监督管理委员会官网 http://www.csrc.gov.cn/pub/newsite/zjhxwfb/xwdd/201608/t20160805_301754.html。最后访问时间：2020 年 4 月 29 日。

分类监管的专门立法，对分类监管的制度建设与实施具有重要意义。

近年来，随着食品安全风险、有毒有害物质造成的环境风险及社会安全风险等现代社会下新型风险的弥散，对这些特定行业和领域加大监督检查的执法力度，加强政府监管并进行有效规制已成为社会的共识。但是，在“简政放权”的行政体制改革与风险社会的大背景下，政府监管资源的有限性与繁重的监管任务之间存在着较为突出的矛盾，传统的单一监管方式已经难以有效规制大量风险事故的发生。故此，分类监管作为一种合理运用监管资源与能力的事中事后监管手段，正受到越来越多行政执法部门的青睐，并在众多执法领域得以较为普遍地展开。

(二) 分类监管制度构建中的瓶颈问题

分类监管尽管理论上拥有易于理解、较为鲜明的制度优势，在监管实践中也正在向各个行政领域拓展。但是，基于实地调查的观察和总结，我们发现就这一制度的运行过程乃至制度本身，不少基层执法人员存在着较多疑虑与担心，这将不可避免地影响到分类监管制度运行的实效及其前景。为此，有必要从学理上作出回应，厘清有关争议，从而有效破解这些监管实践中存在的瓶颈问题。

总体而言，现有对分类监管制度的质疑与关注主要表现为如下三个方面。

1. 具体法律的缺失

分类监管制度缺少足够的法律依据是当前分类监管制度建设中的一个突出问题。尽管如前所述，目前已有法律、行政法规对特定领域的分类监管制度作出原则性规定，也有部委规章对特定公务领域的制度建设作出详细规范，以及地方政府规章对分类监管进行专门立法。但是，相较于正在探索分类监管的众多执法领域而言，仍然表现出立法与现实严重不相匹配的情形。总体上,法律供给不足的问题主要表现为:第一,缺乏分类监管的中央专门立法;第二,仍有许多领域的分类监管制度建设仅以行政部门的规范性文件为依据,法律效力存疑;第三,分类监管机关行使裁量权的法律依据不足。

法律依据的不足,直接导致分类监管的制度建设受到法律保留原则的挑战。法律保留的基本要求,是无法律即无行政。[①]分类监管的实施虽然可从行政裁量权的行使角度予以解释,但裁量权的运用是否破坏了法律保留原则,仍然不无疑问。随着现代行政程序法治的日益健全,行政权的行使尤其是裁量权的行使必须严格遵守公开、说明理由、听证等现代行政程序规则,[②]严格正当的程序规则使立法机关的意图得以在行政机关行使裁量权时不致被违背,这正是现代法律保留原则的重要表现。

2. 公平公开问题饱受质疑

分类监管的结果,就是针对不同类别的监管对象采取区别对待的监管措施。但是,差异化的监管措施势必会引发包括被监管者在内的部分人对于平等和公平的质疑,而这种质疑也会给监管机关带来相应的压力。

分类的结果是否公布,相关信息应披露到何种程度,更是受到被监管者的高度关注,甚至在监管机关内部也不乏激烈争论。在风险评估中表现不佳的被监管人固然不希望公开分类结果,以免自身声誉受到影响。监管机关出于回避争议,避免分类结果被相对人不当用于商业宣传的考虑,亦不愿将分类结果予以披露,告知被监管者和社会公众。事实上,分类结果一旦向社会公开披露,监管机关将面临多重压力。首先,被监管人或以声

---

① 叶必丰:《行政法与行政诉讼法》(第二版),高等教育出版社 2012 年版,第 41 页。

② 周佑勇教授将其称为裁量过程中的利益沟通。可见周佑勇:《行政裁量治理研究:一种功能主义的立场》,法律出版社 2008 年版,第 170 页。

誉受到负面评价及权益受影响为由，对监管机关的信息披露行为提出行政复议和诉讼。[①]其次，披露信息后监管机关将面临更为沉重的问责制压力。[②]由于风险的不确定性特点，在风险评估中表现优秀的被监管人也只能说明其发生事故的概率相对更低，但绝不意味着不会发生任何事故。而一旦这些日常表现优异，因风险较小而被低密度监管的被监管人爆出事故丑闻，监管不到位的指责、监管机关存在腐败的臆测、来自社会公众的舆论压力将汹涌而至，再加上其后可能对监管人员启动的问责程序，这一切都将使监管机关和执法人员不堪重负，甚至会直接危及分类监管制度本身存在的合理性。[③]因此，公平公开问题确为分类监管制度建设中需要直面的关键性障碍。

3. 风险规制理念有待完善

尽管近年来我国风险规制的立法体系和行政执法体系已初步形成，但客观而言，对于风险规制的基本理念和内涵，以及风险规制时代下传统行政法原理所受之冲击，广大的基层监管者并不熟稔。他们更加习惯于传统行政法框架下的规制思路，即以确保干预的确定性和有限性为主的法治化方案。[④]这种理念，在面对风险规制实践的快速发展时已经有力不从心之

① 因监管机关的风险公告而引发的行政诉讼案件，可见上海味利皇食品有限公司不服上海市卫生局作出的食品安全通报案，上海市黄浦区人民法院行政判决书，(1999)黄行初字第3号。对该案较为详尽的一个学理分析，可参见王贵松:《食品安全风险公告的界限与责任》，载沈岿主编:《风险规制与行政法新发展》，法律出版社2013年版，第216页以下。

② 一般认为，政府信息公开会有助于公众问责和社会监督。可见马亮:《信息公开、行政问责与政府廉洁:来自中国城市的实证研究》，《经济社会体制比较》2014年第4期。

③ 2014年7月发生的上海“福喜事件”即为一著例。上海福喜食品有限公司是世界最大的肉类及蔬菜加工集团美国欧喜集团旗下的子公司，使用的是与母公司一样的食品生产质量标准和流程，在业内一直享有良好声誉。就在爆出使用“过期肉”的丑闻前不久，还刚刚获得“嘉定新城食品安全生产先进单位(A级)”的称号。可见周清杰:《福喜事件:谁之过》，《新产经》2014年第9期。

④ 关于风险规制兴起后对法律保留、比例原则等传统行政法原理的挑战，以及行政法学的因应，可见赵鹏:《风险社会的自由与安全——风险规制的兴起及其对传统行政法原理的挑战》，《交大法学》2011年第1期。

感，前述对分类监管法律依据缺失的质疑和对公平、公开问题的担心，莫不体现出这一点。如果不能充分认识到风险规制活动的特点及其与传统行政行为的关键性差异，不能在理念上完成转变并设计出风险社会下进行有效行政监管的可行方案，监管机关“驯服”风险的目标将成为不可能完成的任务，分类监管的制度建设也将陷入停滞不前的尴尬境地。

(三) 分类监管制度的法理支持：程序裁量理论

如前所述，当很多行政领域只有本部门的规范性文件作为依据时，监管机关可否就分类监管展开制度建设上的试点和探索呢？对此，或可从程序裁量的角度作出回应。所谓程序裁量，是指“在法律法规没有特别规定的情况下，行政机关及其他承担行政任务的主体有权选择作出行政行为的程序种类与形式，自主确定行政过程的内容”。[①]随着服务型政府理念的提出及发展，以程序裁量的运作强化行政机关及其他行政主体在行政活动中的积极作用，逐渐成为公共行政的普遍特征。程序裁量这一创新性的行政行为，突破了传统行政理念中强调公民的自由和权利免受行政不必要干预的阶段，是对新形势下服务行政理念的回应，也与风险规制活动的现实需求相契合，有助于提升行政效能和效率。

1. 程序裁量的合法性争议

基于更好地实现行政任务的考量，某些执法机关在行政过程中曾采取某些创新手段。特别是风险规制机关，往往需要在规制活动中作出某些针对风险的预防性措施。然而，这些未能直接对应于现行行政行为类型理论的措施背后究竟蕴含着何种法学理论？是否需要明确的法律授权？其合法性审查又该如何展开？

---

① 郑春燕：《服务理念下的程序裁量及其规制》，《法学研究》2009年第3期。

如前所述，不少基层执法人员基于依法行政原则的要求，严格遵循“法无规定不可为”的原则，认为在没有明确的法律依据时试点探索分类监管制度难免有违法之嫌疑。事实上，从程序裁量的角度来理解分类监管的法律依据问题，或可提供一种新的见识。在分类监管制度之下，监管机关并未从实体上改变自己的监管职责。被监管者所负担的法律义务，也没有因为分类监管而增加或减少。监管机关根据一定标准对被监管者进行分类后，自主决定选择重点监管对象和监管资源的重点投入方向，是监管流程的优化设计与改造，本质上说，这属于行政部门在程序上的裁量权行使范围。即使以法律保留原则的一般通说来衡量，也应属于执行法律之细节性、技术性的次要事项，并不影响被监管人的实体权利义务。对这样一类程序性的细节类事宜，由行政监管部门发布行政命令进行规范足矣，无须予以法律保留。①如果以“功能结构取向的解释方法”视之，为了使行政监管措施能达到“尽可能正确”的境地，行政监管的一般性实施程序固然应由法律作出规定，但程序环节中不具有政治性，无关价值判断也无须作合目的性考量的专业事务，则应由行政部门负责处理。②因此，将其视为行政机关在一定自我空间内完全自我控制之“行政保留”事项，③并不违反法治国家的基本理念，也与我国宪法规定的国家机关权力行使时的“分工和协调原则”存有内在的契合性。④行政机关完全有理由基于其效能最大化的考量，根据其有别于立法机关的积极主动的特质，运用法定的自由判断空间并合理运用行政资源而达成自身所追求的行政目的。⑤

① 吴庚:《行政法之理论与实用》(增订八版)，中国人民大学出版社 2005 年版，第 70 页。
② 许宗力:《法与国家权力》(一)，元照出版有限公司 2006 年版，第 184 页。
③ 廖原:《宪法体制下的行政保留》，《行政与法》2009 年第 4 期。
④ “分工与协调原则”作为国家机关组织活动的主要原则之一，参见许崇德主编:《中国宪法》(修订本)，中国人民大学出版社 1996 年版，第 185—186 页。
⑤ 伍劲松:《行政判断余地之理论、范围及其规制》，《法学评论》2010 年第 3 期。

2. 法律保留原则与程序裁量

众所周知,法律保留原则是依法行政的应有之义。所谓法律保留原则,就是指“行政行为必须有法律的依据,即行政机关只有在法律有明确规定的情况下才能作出积极的行政行为,否则就构成违法”。①现代法治原则要求行政必须要以法律为其最终的依据,除非有法律作出明确规定或基于法定的理由,否则排除行政对公民的权利或自由的干涉。因此,从传统意义上的法律保留原则来看,行政的自主裁量如果涉及相对人的实体权利或义务,与法律保留之间确实存在一定程度上的矛盾。若强调严格的法律保留,则扼杀了行政机关及其他相关行政主体在服务理念下的积极性;若过于偏重给付色彩,期待法律保留的退让,却又不免陷公民的权利与自由于危险之中。②

因此,在服务型政府的建构中,“现代行政法的发展通过以下方面使行政的裁量与法律保留之间既保持了和谐,同时又给予了合理的张力。一是通过不确定的法律概念,使行政权获得行使的前提和合理的空间,二是通过严格的程序使行政权的具体运行规范化”。③兼具干预与给付内容的行政活动将越来越具有普遍性,面对新型行政活动,我们不能再固守传统的干预行政与给付行政的绝对分类,而严格地适用法律保留原则或放宽法律保留的界限。对程序裁量来说,在规范之外运作恰是其存在的常态,只要程序裁量的行使不涉及相对人实体权益的改变,且有助于行政任务的实现,则形式上的创新并不因为直接根据规范的缺失而将其等同于违法行为,正确运用程序裁量正是有效行使行政权的体现。当然,这并不意味着行政机

① 黄学贤:《行政法中的法律保留原则研究》,《中国法学》2004 年第 5 期。
② [德]哈特穆特·毛雷尔:《行政法学总论》,高家伟译,法律出版社 2000 年版,第 98 页。
③ 姜明安:《论行政裁量权及其法律规制》,载《中国法学会行政法学研究会 2009 年年会论文集(下)》,第 549 页。

关及其他相关行政主体可以恣意行使程序裁量权，虽然法律未对程序的形式和种类作出明确规定，行政机关及其他相关行政主体在行使程序裁量权时，不能突破裁量的底线。我国《行政许可法》第六十一条第二款规定：“行政机关依法对被许可人从事行政许可事项的活动进行监督检查时，应当将监督检查的情况和处理结果予以记录，由监督检查人员签字后归档。公众有权查阅行政机关监督检查记录。”因此，像分类监管这样的创新举措，也并不意味着监管机关就可以恣意行使程序裁量权，而是要遵循必要的法律程序。同时，监管机关的裁量行为还应当接受公众的监督。

3. 分类监管的立法完善

前文已指出，监管机关采取分类监管的创新方式，基本可归属于行政的程序裁量权范畴，并不违反法治国家所应遵循的法律保留原则。但是，立法的缺失或不完善，仍然会对制度运行构成多方面的障碍。如果说在分类监管制度实施的初期，这种立法供给不足的现象尚可理解的话，随着越来越多行政监管领域采用分类监管的制度模式后，相关立法如仍然不能及时跟进，这无疑是一种立法滞后，不利于制度的真正落实与良好运行。

在加强对分类监管制度的法律支持与保障方面，以下两点思路应予考虑。

第一，根据分类监管制度实施的时限和经验积累程度的不同，立法者应在条件成熟时视情况分别将相应的制度规范转化为规章、法规乃至于法律，用立法的方式确认制度创新的成果。尤其是在某些仍旧使用规范性文件作为分类监管依据的领域，有必要及时转化为具有法律效力的行政规章，为制度提供有力的法律依据支撑。对分类监管在制度运行实践中出现的重大问题，则应当从立法层面作出回应，及时补充漏洞。对实践中摸索总结出的一些行之有效的做法，也应用法律规范的方式予以固化。就此而言，上海市政府制定的《上海市分类监管管理办法》完美验证了上述论断，其立法先行、立法为改革提供依据的做法具有典范意义。

第二，完备的分类监管立法体系，有助于规范监管机关行使程序裁量权。随着现代行政程序法治的日益健全与完善，面对风险规制过程中规范先定与程序裁量之间的张力，既要实现对行政权本身的法律规制，也要兼顾行政机关对风险的规制。如前所述，行政机关程序裁量的运作，一般不会造成对法律保留原则的突破。我们应意识到，对程序裁量来说，在先定规范之外的运作恰是其存在的常态，只要程序裁量的行使有助于风险规制目标与任务的实现，就不能因为缺乏明文的法律规定而将其等同于违法行为。行政机关合理运用程序裁量权，正是坚持依法行政原则，有效行使行政权的体现。

当然，程序裁量权的行使并不意味着行政机关可以恣意妄为。“程序性裁量是法律、法规为了保障行政效率和个案公正而设计的，执法人员在法律规定的范围内，可以根据具体情况进行判断并灵活适用。”[①]在立法未对分类监管程序的形式和种类作出具体、明确规定的情况下，程序裁量权的行使也应考虑有关程序规范的目的和个案的特殊性，程序裁量权的行使必须严格遵守公开公正、说明理由、听取意见等程序规则。这些正当程序的规则，可在立法缺位时确保监管机关对程序裁量权的行使不致违背依法行政的原则。但是，如果能在立法中以规范形式明确规定这些正当程序，无疑将更有助于程序裁量权的恰当行使，有助于分类监管制度的顺利展开。

综上，监管机关运用程序裁量权力对规制过程所作出的程序调整，可

---

① 参见马立群：《论程序性裁量的存在及其效应——以工商行政执法程序的运作为考察对象》，《法制与社会》2007 年第 2 期。

以从根本上重新塑造规制的目标及其结果。而像平等对待原则所要求的同等情况同样对待，不同情况区别对待，以及比例原则所要求的监管手段与收益应成最佳比例，对分类监管的制度建设仍然具有现实的重大指导意义，并为其制度的正当性和必要性提供了重要的理论依据。

（四）分类监管制度的公平公开之惑

1. 合理的差别抑或歧视对待

对分类监管制度而言，类别划分是前提与手段，在合理分类的基础上实施差异化监管，使监管活动更有针对性，有限的监管资源得到更有效配置才是分类的最终目的。当然，一旦作出类别划分后，不可避免会在被监管者之间形成区别对待的结果。这种区别对待，在风险规制领域往往表现为监管资源分配的优先性、现场与非现场检查的频次等诸多方面，甚至会作为行政许可发放或续期与否的裁量因素。尽管就相对人法律上的实体权利和义务而言，分类监管并未作出改变，但不可否认，基于类别差异而实施的不同监管措施，会在事实上对相对人造成一定影响，尤其是如果还向社会公布分类结果的话。因此，被监管人就规制活动中的风险评估与风险管理提出公平性的异议，自然也在情理之中。

行政活动对其相对人的公平性问题，主要表现为行政法上的平等对待，即同等情况同等对待，不同情况区别对待以及视不同情况的比重按比例对待。①就此而言，区别对待显然不能一概认为是歧视性对待。如果区别对待的前提是被监管人之间存有“合理的差别”，则区别对待恰恰是在追求一种实质的平等。对分类监管制度来说，监管机关根据一定的分类标准或评价指标，对被监管人的风险控制能力及风险状况作出区分，风险越大，监

① 周佑勇：《行政法基本原则研究》，武汉大学出版社 2005 年版，第 215 页。

管愈严，这种合乎理性的、比例化的区别对待，显属一种具有合理依据的差别。如果能进一步确定分类标准或评价指标具有科学性、规范性与透明性，则在合理程度上亦可予以确认，从而得出“合理的差别”之结论。①

当然，我们必须意识到在监管实践中，被监管对象的风险控制能力与风险程度往往并非恒定，而是处于不断变化、调整的动态过程中。相应地行政机关的类别划分结果也应随之适时予以调整，以便于充分发挥监管的正向激励作用，并达致更加公平合理的风险管理结果。可动态调整的分类监管制度，既能有效分配监管资源，又可用监管的梯度差异实现正向激励，对被监管者具有良好的示范和预测效应。因此，通过对被监管人进行类别划分，实施差别化对待的分类监管方式，是在承认其法律地位平等的前提下，根据被监管人风险的具体情况实施合理的差别对待，这正是实质意义上平等原则的体现，符合公平正义的法治原则。

2. 信息披露：一种重要的规制工具

（1）信息披露之于风险规制的重要作用

在风险规制领域，常见的规制手段主要有信息披露、税收、创设可交易的财产权以及改变侵权责任规则等。基于风险规制理念上建构的分类监管制度，当然不能忽视信息公开手段的运用。

在资讯发达、专业化程度较高的社会里，风险信息披露是一种基本的政府规制手段，是行政公开原则的具体体现。相比于传统的命令—控制手段，信息披露（或称为信息交流）这一规制工具具有成本较低、无须运用强力及更具灵活性等优点。②同时，进行信息披露也是对公众知情权的保障，尤其在关涉公众生命与健康的食品、环境等领域，及时对风险信息披露显

① 林来梵：《从宪法规范到规范宪法》，法律出版社 2001 年版，第 116 页。
② 沈岿主编：《风险规制与行政法新发展》，法律出版社 2013 年版，第 175 页。

得尤为重要。然而，信息披露必须建立在公众面对信息能够作出理性选择的基础之上，形式上的信息披露并不能解决风险规制中的所有问题。事实上，风险领域的信息纷繁复杂，且具有高度的专业性。“只有公众能理解被披露的信息，或可以以信息为依据自由地选择，或者相信信息与选择之间具有实质的关联性时，披露才有可能起作用。”①因此，并不是所有的信息披露都是有效的，要充分发挥信息披露的功效，就必须确保所披露信息的准确性、公众对披露信息的可获得性以及信息对受众的可接受性。“试想消费者看着药品说明书中关于药品组分的分子式或结构图，所能做的恐怕也只有大眼瞪小眼。”②

信息披露主要表现为三个方面的形式：一是监管部门对自身执法活动的信息披露，其目的在于强化对执法活动的公共监督，减少“寻租”和“俘获”现象；二是被监管对象的信息披露，以强化市场机制和公众意见对生产经营者的制约；三是第三人的信息披露，以强化监管的社会监督。在分类监管的过程中，监管机关对其分类标准和评价指标的公布，属于第一种信息披露的形式。监管机关对分类结果的公布，则属于第二种形式的信息披露。在有些场合下，监管机关通过披露在监管过程中掌握的被监管人风险信息，可以保证市场所需信息能够及时、准确地得以公开，最大限度地降低交易主体间双方的信息不对称，使得信息缺乏的交易一方对另一方的经营状况等信息有更多的了解，因而有机会采取相应措施来规避或减少可能的损失。

(2) 分类监管不应拒绝信息披露

如上所述，信息披露作为风险规制的重要工具之一，显然不应为分类

---

① [美]史蒂芬·布雷耶:《规制及其改革》，李洪雷等译，北京大学出版社 2008 年版，第 241 页。
② 宋华琳:《风险规制与行政法学原理的转型》，《国家行政学院学报》2007 年第 4 期。

监管制度所排斥。现有的分类监管不仅在理念上有待廓清，在制度建设上也未给予信息披露以足够的重视。为此，监管机关需要对自身所掌握的信息作出梳理，明确监管过程中可披露信息的范围、披露的主体及其责任。总体上，分类监管中的信息披露应以公开为原则，以裁量认定某些信息不宜公开为例外。以风险评估后作出的分类结果为例，向被监管者公开结果，既是行政程序的基本要求，也有利于被监管者明确自己的风险程度和主要的风险控制缺陷所在，从而通过促使被监管者主动采取纠正措施来发挥规制活动的正向激励作用。而向社会公众公开分类结果，同样具有解决信息不对称、发挥公众舆论监督作用及赋予被监管人必要压力等一系列正面作用。

事实上，行政监管机关已经在实践中摸索出不少行之有效的信息披露方式，很多都值得分类监管在制度建设中予以借鉴。例如，上海市从 2007 年起启动了“食品安全检查公示榜”制度试点。食药监部门使用“卫生脸谱”作为餐饮单位安全水平公示标识。其中，“绿色笑脸”“黄色平脸”“红色哭脸”分别代表卫生状况良好、一般和较差。每家餐馆必须将卫生检查榜单张贴在门厅或入口显著地方，起到了良好的公示和信息披露作用。[①]“卫生脸谱”以简易可行的方式，向社会公众宣示了餐饮企业的卫生状况及其分类结果，不仅公众易于理解，也对企业产生了强大的整改压力，具有相当正面的正向激励作用。一定意义上说，“卫生脸谱”实际就是较为初级的分类监管。此外，在分类监管开展较早、制度运作已较为成熟稳定的行政领域，信息披露工作一般也能得到有效实施。以证券公司监管为例，根据中国证监会制定的《证券公司分类监管规定》，经过证券公司自评、证监局初

---

① 陈里予:《饭店卫生标识笑脸高挂哭脸藏》,《新闻晨报》2012 年 2 月 16 日。

审、证监会证券基金机构监管部复核，以及证监局、自律组织、证券公司代表等组成的证券公司分类评价专家评审委员会审议等程序，中国证监会每年均定期发布对全行业 131 家证券公司的分类结果。在分类结果发布的公告中，证监会明确指出，其将根据分类结果对不同类别的证券公司在行政许可、监管资源分配、现场检查和非现场检查频率等方面实施区别对待的监管政策，并声明分类结果主要供证券监管部门使用，证券公司不得将分类结果用于广告、宣传、营销等商业目的。①

当然，信息披露在风险规制活动中除了具备上述重要的积极作用外，也不能忽视规制过程中存在的障碍，以及对监管机关造成的外部压力。这其中，信息难题是风险规制活动，当然也是分类监管过程中经常遇到的棘手问题。众所周知，风险规制之难在于规制者需要决策于不确定性之中，而这种不确定性就源于相关信息的匮乏。信息不足的问题，既出现在风险评估阶段，也会出现在政策过程的风险管理阶段。②实践中，信息不对称普遍发生于监管机关与被监管者之间，为了获取信息，监管机关往往需要耗费大量资源，但却可能收效甚微，为收集信息而消耗的监管资源还可能影响到正常的监管活动展开。分类监管制度在运行中同样经常性遭遇此类问题。监管者对于采集信息所耗费的人力财力、被监管人不予配合提供信息以及因此影响到风险评估结果的准确性，向来啧有烦言。一旦类别划分不够准确或是被监管者发生事故，来自社会公众的指责将给监管机关带来巨大压力。

尽管如此，仍然不能因此否定分类监管中信息披露的作用与意义。信

① 《中国证监会公布 2019 年证券公司分类结果》，载中国证监会官方网站 http://www.csrc.gov.cn/newsite/zjhxwfb/xwdd/201907/t20190726_359853.html，2020 年 5 月 6 日最后访问。

② 金自宁：《风险中的行政法》，法律出版社 2014 年版，第 114 页。

息不对称和信息获取困难的问题，需要监管机关运用智慧加以创造性解决。例如，风险规制中的信息交流作为一种规制工具，对解决信息不对称问题便极具启发意义。[①]而社会公众问责所产生的舆论压力如何消除，则应区分不同情形予以解决。如果是因为信息不对称导致分类监管机关对被监管人作出了错误的风险评估和类别划分，解决办法仍取决于如何更有效地获得被监管人信息。如果是分类准确，只是出于微小概率因素导致被监管人发生事故，显然分类监管制度不应为此承担责任。此时的公众问责压力，主要是出于专家与普通人在风险认知和评价上存在差异而导致，[②]这既可以借助于信息交流的手段来实现公众看法和专家意见之间的相互校正与补充，[③]也离不开官僚问责制度自身的完善和健全。

总之，在现代风险社会的大背景下，伴随我国行政体制改革与政府职能转变，以传统行政法学原理为基石的监管方式已经难以适应现代法治政府有效进行风险规制的要求。因此，需要在已有的监管模式基础上进行制度创新，改善监管资源的利用方式，提升监管效能，分类监管制度便因此应运而生。基于风险规制理念的分类监管体现了我国行政监管部门在事中事后监管理念上的重大转变，对丰富我国风险规制的实践具有重要意义。但是，一项制度体系的构建与实施是一项复杂的系统工程，分类监管制度还需要在事中事后监管实践中不断接受考验，回应现实与行政法理上的挑战并完善自我。

---

① 可见金自宁：《作为风险规制工具的信息交流：以环境行政中 TRI 为例》，《中外法学》2010 年第 3 期。

② 关于公众和专家对风险评判差异的详细解读，可见[美]斯蒂芬·布雷耶：《打破恶性循环：政府如何有效规制》，宋华琳译，法律出版社 2009 年版，第 42 页以下。

③ 金自宁：《风险中的行政法》，法律出版社 2014 年版，第 126 页。

后 记

近几年来，得益于与工商行政管理、质量技术监督等市场监管部门持续不断且形式多样的合作，本人得以较为深入地接触到市场监管的执法工作，也对我国的市场准入法制有了更为深刻的理解与认识。市场准入法与市场的改革开放和发展息息相关，因此，我国经济体制改革、行政体制改革中出现的重大事件，如自贸区的设立、商事登记制度改革、市场准入清单、“放管服”改革等，均不同程度地推动了市场准入与市场监管法制的发展。“一带一路”倡议是国家的重大战略，在“一带一路”沿线国家的经贸与法律合作中，市场准入问题是合作的焦点问题之一。“一带一路”倡议的提出，一方面对中国市场准入法制的发展与完善形成巨大的改革压力，从另一个角度说，我们在市场准入法制建设上所取得的进步与成就，也能够为“一带一路”合作提供充分有力的法治保障，希望本书能为上述目标的实现作出一份微薄的贡献。

本书的写作完成，得到了我指导的各位硕士研究生的鼎力支持。刘阳阳、刘玉杰、张澄、李纪丹、史清亮、薛纯纯同学为本书的资料收集和初稿撰写提供了很多帮助。史尚华编辑则不断鼓励我尽快完成书稿，在她的敦促下，我才能从教学、科研和家庭的琐事中抽出有限的时间来完成任务。最后还要感谢上海对外经贸大学法学院和上海人民出版社，本书有幸被列入“一带一路”法律·经贸丛书项目，才使得写作与出版成为可能。

王 诚

2020 年 5 月 28 日于上海老西门

图书在版编目(CIP)数据

"一带一路"倡议下中国市场准入法律制度研究/
王诚著.—上海:上海人民出版社,2021
("一带一路"法律·经贸丛书)
ISBN 978-7-208-16966-1

Ⅰ.①一… Ⅱ.①王… Ⅲ.①市场准入-经济法-研
究-中国 Ⅳ.①D922.294.4

中国版本图书馆CIP数据核字(2021)第042399号

责任编辑 秦 堃 史尚华
封面设计 孙 康

"一带一路"法律·经贸丛书
"一带一路"倡议下中国市场准入法律制度研究
王 诚 著

出 版 上海人民出版社
(200001 上海福建中路193号)
发 行 上海人民出版社发行中心
印 刷 上海商务联西印刷有限公司
开 本 720×1000 1/16
印 张 12.5
插 页 2
字 数 142,000
版 次 2021年3月第1版
印 次 2021年3月第1次印刷
ISBN 978-7-208-16966-1/D·3719
定 价 48.00元